인류를 구한 항균제들

차례
Contents

03 세균과 화학요법제 07 질병을 일으키는 세균의 발견 29 화학요법의 창시자, 에를리히 44 노벨상을 거부한 도마크 56 최초의 항생물질, 페니실린 70 새로운 항생제를 찾아서 82 세균 박멸을 위한 현재와 미래의 약제 91 내성균과의 전쟁

세균과 화학요법제

 미생물(microorganism 또는 microbe)은 눈에 보이지 않는 작은 생물체를 가리킨다. "생물을 둘로 나누면?"이라는 질문에 "동물과 식물"이라는 대답을 한다면 그것은 미생물의 존재를 잠시 잊어버린 것이다. 미생물이 눈에 보이지 않을 만큼 작기는 해도 분명히 생물체이기 때문이다. 미생물이 생물이라는 점을 인정했다면 미생물이 동물인지 식물인지 대답해 보자. 생각이 여기에 이르면 생물을 식물과 동물로 분류하는 것이 전혀 근거가 없는 답임을 깨닫게 될 것이다.

 생물은 동물과 식물이 아닌 '원핵생물과 진핵생물'로 나뉜다. 물론 다르게 분류할 수도 있지만, 핵이 있는지 없는지에 따라 원핵생물과 진핵생물로 분류하는 것이 가장 흔히 사용하는 분류법이다. 최근에는 온천처럼 뜨거운 곳에 사는 생물을 '고세균(archea 또는 archeabacteria)'이라 부르는데 이것은 원핵도 아니고 진핵도 아닌 것으로 분류한다. 고세균은 아주 오래 전부터 지구에 존재한 생물이다. 오늘날 생명체가 고세균에서 진화한 것으로 설명하기도 하고, 학자에 따라서는 고세균을 원핵생물의 하나인 세균에 포함시키기도 한다.

동물과 식물은 진핵생물을 둘로 나눈 것이며, 미생물은 대부분 원핵생물이다. 미생물은 다시 세균(bacteria), 바이러스virus, 진균(fungus), 리케차rickettsia, 원생동물(protozoa)로 나눌 수 있다. 때에 따라서는 세균에서 마이코플라즈마mycoplasma와 클라미디어chlamydia를 빼내어 따로 분류하기도 한다.

이러한 미생물 가운데에는 몸에 질병을 일으키는 아주 해로운 것이 있는데, 이와 같은 병원성 미생물은 주변 환경만 괜찮으면 급속히 자라난다. 역사상 인류는 잊을만하면 한 번씩 찾아오는 전염성 질병으로 고생을 겪어야만 했다.

1796년에 제너는 종두법을 발견해 전염성 바이러스 질병의 하나인 두창(천연두, smallpox)에서 벗어날 수 있는 기틀을 마련했다. 파스퇴르는 이를 응용해 바이러스 질병뿐만 아니라, 세균에서 유래한 전염성 질병도 예방접종으로 막을 수 있음을 보여 주었다. 그러나 20세기가 시작할 때까지도 미생물 감염에 대한 예방은 가능했으나 적절한 치료제는 없었다.

약물로 질병을 치료하는 방법은 크게 두 가지로 나눌 수 있다. 약물을 이용해 질병에 걸린 몸의 조직이나 장기에 발생한

병을 고치는 방법을 '약물요법(pharmacotherapy)'이라 하고, 암세포나 질병을 일으킨 병원성 미생물에 작용해 암세포나 병원체를 제거하는 방법을 '화학요법(chemotherapy)'이라 한다. 화학요법에 쓰는 약제는 몸에 해를 입힐 수 있지만, 몸보다 병원체에 특이하게 작용해 몸에는 해를 적게 입히면서 병원체를 죽이는 경우가 대부분이다.

세균에 대한 치료약을 한마디로 말하면 '항균제(antibacterial agent)'라 할 수 있다. 항균제는 세균을 파괴하거나 세균의 발육과 증식을 억제하는 항균抗菌(antibaeterial)작용, 또는 세균발육을 저지하며 미생물의 필수 대사작용에 해를 끼쳐 미생물을 죽이는 정균靜菌(bacteriostasis)작용을 한다.

엄격한 의미로 항생제는 특정한 종류의 미생물이 만든 물질 가운데 다른 미생물의 성장을 억제하는 물질만을 가리킨다. 그러나 넓은 의미로는 술폰아마이드나 퀴놀론과 같이 항미생물 효과가 있는 합성화학물질을 포함해 사용하기도 한다. 항생제는 종류에 따라 특정 미생물의 증식을 억제한다. 그리고 그 작용원리에 있어 물리·화학·약리학의 성질이 화학요법제와는 매우 다르다. 그러나 항생제도 병원성 미생물의 증식을 억제해 감염된 몸을 치료할 수 있다는 점에서 화학요법제에 포함한다. 실제로 인류가 처음 항생제를 찾아냈을 때는 미생물에서 얻은 항생물질이었지만, 그 후에 합성방법을 개발해 미생물을 키우지 않고 공장에서 합성하는 방법으로 생산하는 항생제도 있다.

이 책에서는 항생제를 포함해 지금까지 발견하고 연구한 화학요법제 가운데 세균에 대한 내용과 세균성 질병에 대해 인류가 대처한 방법을 살펴볼 것이다. 어떤 약을 사용해도 듣지 않는 내성균에 미래의 의학이 어떤 대비책을 마련하는지 소개하려고 한다.

질병을 일으키는 세균의 발견

현미경의 발명

　미생물은 눈에 보이지 않을 정도로 작아 '눈에 보이지 않는 생물'이라는 뜻으로 '미생물'이라는 이름을 붙였다. 아무리 가설과 이론이 훌륭하다 해도 눈에 보이지 않으면 다른 사람들의 동의를 얻기 어려우며, 과거에는 더욱 그랬다.

　미생물을 보기 위해서는 아주 작은 물질을 크게 확대할 수 있는 '현미경'이 필요하다. 유리 또는 렌즈를 이용해 물질을 확대하는 지식은 이미 고대 그리스의 아르키메데스Archimedes(기원전 287~212)때에도 알려져 있었지만, 실제로 현미경을 발명하기까지는 수많은 시간이 필요했다.

13세기에 베이컨Roger Bacon(1214~1294)이 렌즈를 이용해 사물을 확대하는 방법을 발견한 뒤, 안경과 함께 물체를 확대해 볼 수 있는 기구를 만들었다고 한다. 하지만 현재의 복합현미경과 원리가 다른 데다, 그 뒤로 진보한 정도가 적어 논외로 해야 한다. 그렇다면, 현미경을 최초로 발명한 사람은 누구일까? 여러 문헌에서 얀센Zaccharias Janssen(1580~1638), 갈릴레이Galileo Gallilei(1564~1642), 레벤후크Antony van Leeuwenhoek(1631~1723) 등을 현미경의 최초발명자로 거론한다.

  현미경의 최초개발자로 가끔 거론되는 얀센은 렌즈를 가공하던 사람이다. 역시 렌즈를 가공한 그의 아버지도 현미경 개발에 어느 정도 도움을 준 것 같다. 1590년대에 이들은 이미 렌즈 두 개를 사용해 물체를 확대해 볼 수 있는 현미경을 개발했다. 얀센이 개발한 현미경은 오늘날의 망원경과 비슷한 모양을 하고 있다.

  1610년, 자신이 만든 망원경으로 목성과 목성의 둘레를 도는 네 개의 위성을 발견한 갈릴레이 역시 일부 문헌에서 현미경의 최초 개발자로 거론되기도 한다. 갈릴레이는 망원경을 만들 때 사용한 원리를 반대로 적용해 아주 작은 물체를 크게 볼 수 있는 방법을 개발했고, 베이컨의 방법을 개량했다고 밝혔다. 그러나 이를 이용해 특별한 업적을 남기지 못한 까닭에 역사에 별다른 영향을 미치지 못했다.

  수십 년이 지나서 네덜란드의 레벤후크는 렌즈를 연마하는 방법과 금속을 세공하는 방법을 익혀, 눈으로 볼 수 없는 작은 물질을 볼 수 있는 현미경을 만들었다. 그가 만든 현미경은 40~270배까지 확대해 볼 수 있었다. 그는 제작한 현미경이 400개가 넘을 정도로 현미경 만드는 일에 빠져들었다. 단순히 무엇을 발명한 사실보다는 그 발명의 영향력을 중시하는 서양인들의 사고방식 때문인지 '현미경의 최초발명자'를 레벤후크로 본다. 이러한 별명을 얻게 된 것은 그가 제작한 현미경이 대물렌즈와 대안렌즈를 이용한 것으로 오늘날의 현미경과 비슷한 모양을 하고 있기 때문이기도 하고, 최초의 복합현미경을 개발했기 때문이기도 하다.

그는 자신이 만든 현미경으로 냇물이나 빗물과 같은 용액 속에 어떤 물질이 들어 있는지를 관찰하기도 하고, 정자, 곤충, 동물에서 얻은 각종 작은 물질도 관찰했다. 현미경을 만든 직후에는 시험 삼아 여러 종류의 물을 한 방울씩 떨어뜨려 놓고 관찰을 했다. 레벤후크는 이런 과정을 통해 세포의 존재를 처음 확인했으며, 최초로 원생동물을 비롯한 미생물의 존재를 알아냈다. 그는 자신의 연구결과를 널리 알리지 않았지만, 그의 연구결과를 네덜란드의 의사 그라프Regnier de Graaf(1641~1673)가 알게 된다. 그라프는 당시 유럽 최고의 권위를 자랑하는 과학자들의 모임인 영국 왕립협회에 그를 소개해 눈에 보이지 않는 미생물의 존재를 알린다. 미생물은 1673년에 널리 알려졌으며, 그 존재를 증명한 1680년에 레벤후크는 영국 왕립협회의 특별회원이 된다. 그는 자신의 관찰 결과를 집대성해 1695년에 『현미경으로 밝혀낸 자연의 비밀』을 총 4권으로 발행했다.

현미경의 최초발명자로 거론되는 레벤후크.

레벤후크는 왕립협회 회원이 된 뒤에도 수십 년에 걸쳐 자신의 연구결과를 보고했다. 그 결과 가운데 세균이 간균·나선균·구균의 세 형태로 이루어진 것과, 사람과 동물에서 얻은 각종 시료에서 여러 가지 미생물을 관찰한 것을 보고했다. 당시의 과학자들이 그의 연구결과를 처음 들었을 때에는 그것에 의문을 가졌다. 왜냐하면, 연구결과를 직접 본 사람이 아무도 없었기 때문이다. 그는 현미경을 팔거나 빌려주지도 않았고, 다른 사람들이 자신의 현미경을 만지는 것도 싫어했다.

그러나 레벤후크의 현미경 제작 원리를 알아낸 과학자가 있었으니 훅Robert Hooke(1635~1703)이 바로 그 주인공이다. 물리학에서 탄성에 관한 훅의 법칙으로 유명한 그는 영국왕립협회의 회원이었다. 레벤후크의 연구내용에 대해 관심을 가진 훅은 네덜란드로 그를 찾아 갔다. 그 때부터 이 둘은 여러 가지 재료를 관찰해 기록을 남기고 현미경을 개량하는 일에 힘을 모았다.

훅은 이미 1660년대 초에 나름대로의 현미경을 만들어 여러 가지 물질을 관찰했다. 식물의 세포 구조를 처음 발견했고, '세포(cell)'라는 용어를 처음 사용하기도 했다. 1665년에는 자신의 연구결과를 한데 모아 『마이크로그래피아*Micrographia*』를 발행했다.

레벤후크가 왕립협회의 회원이 된 것은, 훅이 1678년에 자신이 개발한 새로운 현미경을 이용해 그동안 레벤후크가 보고한 관찰결과가 모두 사실임을 입증했기 때문이기도 하다. 당시 훅이 개발한 현미경은 조명장치를 이용한 것으로서, 현미경 제조 기술을 한 단계 끌어올린 것이었다.

이때부터 레벤후크의 관찰결과에 의심을 가진 이들이 레벤후크의 현미경을 보기 위해 네덜란드의 델프트까지 찾아오는 일이 생겨났다. 그때도 여전히 현미경을 빌려 주지 않던 레벤후크는 찾아오는 이들에게 자신의 현미경 속에 담겨 있는 미지의 상을 보여주곤 했다. 그는 모세혈관과 정자를 관찰하기도 하는 등 아주 오랜 기간 현미경을 이용한 관찰을 했다. 고인 물속에는 살아 움직이는 생명체가 들어 있지만, 깨끗한 컵에 받은 빗물 속에는 생명체가 없는 것을 발견했다. 또한 자신이 관찰한 미생물이나 곤충의 생활사를 토대로 자연발생설이 옳지 않다는 사실을 발견하기도 했다. 그러나 그가 죽은 뒤에도 그의 관찰결과와 주장이 널리 알려지지는 않은 채 다시 오랜 세월이 흐른다.

쓸쓸히 세상을 떠난 선각자, 제멜바이스

19세기가 시작되기까지 수술은 대단히 두려운 치료방법이었다. 수술할 때 발생하는 통증을 해결할 수 있는 적당한 방법이 없고, 수술이 잘돼도 이후 합병증으로 죽는 일이 흔했기 때문이다.

수술 뒤에 오는 합병증은 대개 수술 부위가 곪으면서 열이 나고, 서서히 그 부위가 아파오기 시작해 여러 가지 전신증상으로 발전하다가 결국에는 의식을 잃고 죽는 경우를 가리킨다. 합병증은 몸에 해를 끼치는 미생물이 침입해 환자의 장기, 특히 혈액 속에서 늘어나면 혈액이 병원성 미생물의 배지 역할을 하는 패혈증으로 발전한다. 20세기 초반까지만 해도 이와 같은 증상은 곧 죽음을 의미했으므로 환자나 의료진에게 수술은 공포의 대상이었다. 여러 가지 화학요법제를 개발한 오늘날에도 일단 패혈증에 걸리면 완치하기 쉽지 않다.

사람은 죽으면 썩어서 흙으로 돌아가는 것이 순리지만 썩지 않는 이집트의 미라도 있다. 이것은 시체를 자연으로 되돌려야 할 미생물이 제대로 기능을 하지 못했기 때문이다. 시체를 미라로 만드는 과정에서 볼 수 있듯이 오래 전에도 멸균, 소독, 방부처리에 대한 개념이 있기는 했다. 그러나 정확한 지식을 바탕으로 한 것은 아니었다.

중세가 끝나기까지 상처를 통한 전염병의 확산을 막기 위해 시도한 방법은 상처 부위를 불로 지지는 것이었다. 이 방법은 병원성 미생물이 들어갈 수 있는 길을 막아 침입방지효과를 노리는 개연성이 있다. 하지만 미생물에 대한 개념이 없는 사람들이 어디를 어떻게 지져야 하는지도 정확히 모른 채 경험으로 시도한 방법이었으므로, 환자에게 끼치는 해를 생각하면 효과는 거의 없다고 할 수 있다.

파레Ambroise Paré(1510~1590)는 1537년에 난황과 테레빈유를 혼합해 총상 치료에 이용했다. 난황에는 항미생물제 역할을 하는 라이소자임이 들어있

근대외과학의 선구자 파레.

고, 테레빈유는 소각작용을 일으키는 특성이 있으므로 현대과학으로 분석하면 근거가 있는 방법이다. 실제로 파레의 방법을 이용한 결과, 외과 수술을 할 때 환자가 회복하는 정도가 이전보다는 훨씬 좋아져, 그는 '외과학의 아버지'라는 별명을 갖게 되었다. 1750년대에는 소금을 사용해 쇠고기가 썩는 것을 막았는데 이 방법도 꽤 효과가 좋았다. 오늘날 생선이 상하지 않도록 소금을 뿌리는 것과 같다고 할 수 있다.

19세기 중엽에 이르기까지 수술 뒤 발생하는 패혈증의 공포가 유럽인들을 괴롭히던 상황이 계속되었다. 제멜바이스Ignaz Philip Semmelweis(1818~1865)는 의사가 산모를 대하기 전에 소독액으로 손을 씻기만 해도, 출산 뒤 사망에 이르게 하는 합병증인 산욕열을 방지할 수 있다는 사실을 발견했다. 산욕열은 당시 유럽의 산모들 가운데 약 10~30%의 사망률을 보인 공포의 대상이었다.

제멜바이스는 헝가리 부다(오늘날의 부다페스트) 출신으로 빈에서 의학을 공부해 의사가 되었다. 그는 1840년대 말에 자신이 근무한 병원의 산부인과에서 새로운 사실을 발견한다. 이 병원에는 인접한 두 병동에 각각 분만실이 있는데 제1병동에는 의사들과 의과대학생들이 근무했고, 제2병동에는 조산원들이 산모를 돌보았다. 그런데 의사들이 맡은 분만실보다 조산원들이 맡은 분만실에 있는 산모들의 사망률이 훨씬 낮았다. 1841년부터 1846년까지 제1병동 산모의 사망률은 9.9%였으나 제2병동 산모의 사망률은 3.4%였다.

제멜바이스는 그 이유를 밝히기 위해 열심히 관찰하다, 의사들이 시체를 만지거나 감염성 질병을 앓는 환자를 돌보다 아무런 조치 없이 분만실로 들어가는 것을 보았다. 당시에 전염원에 대한 개념은 거의 없지만, 경험을 통해 전염병에 대한 지식이 어느 정도 쌓인 상태였다. 제멜바이스는 의사들에게 분만실에 출입할 때 항상 갖고 다니는 장비와 손을 비누와 염소로 소독하도록 했다. 그 결과 1848년에는 산욕열로 인한 사망률이 제2병동보다 제1병동에서 처음으로 낮아졌다.

그러나 여러 가지 어려운 상황에 처하게 된 제멜바이스는 더 많은 업적을 남기지 못하고 1850년에 고국으로 돌아와 페스트의 병원에서 근무를 하게 되었다. 이때부터 산부인과에서 하는 소독이 사망률 감소에 미치는 영향을 꾸준히 연구해 10년 이상의 연구와 경험을 토대로 방대한 연구결과를 쌓았다. 이를 바탕으로 1861년에 무균 처리가 산욕열로 인한 사망률

산욕열 치료의 선구자 제멜바이스

을 감소시키는 데 지대한 공헌을 한다는 내용의 책인 『산욕열의 원인, 개념과 예방 The etiology, concept, and prophylaxis of childbed fever』을 발간해 유럽의 주요 산부인과 의사들에게 발송했다.

그러나 유럽의 산부인과 의사들은 대부분 이를 무시했다. 그래도 제멜바이스는 산부인과 의사들에게 자신의 주장을 알리려고 했다. 독불장군 같은 그의 태도는 자신들의 잘못을 인정해야만 하는 처지가 된 산부인과 의사들에게 집단으로 무시당했고, 부드럽지 못한 그의 성격의 영향도 있어 그의 삶은 점차 피폐해져 갔다. 제멜바이스는 자신의 연구결과가 빛을 보지 못한 1865년, 정신병 환자 수용소에서 손가락 상처로 생긴 봉와직염이 패혈증으로 발전하는 바람에 불행한 일생을 마감해야 했다.

산욕열에 대한 업적을 받아주지 않는 사람들을 향해 자신의 주장을 강요하기보다는 깊이 있는 연구를 진행해 더 훌륭한 업적을 쌓고, 산욕열에 대한 자신의 이론을 패혈증에 적용해 더 진보된 주장을 펼 수 있었다면 제멜바이스의 연구는 훨씬 더 빠른 시기에 빛을 볼 수 있었을지 모른다. 그리고 산욕열과 같은 전염성 질병이 무균처리법을 통해 예방할 수 있다는 연구로 이어졌더라면 더욱 그러했을 것이다. 그러나 훌륭한 발견을 해놓고도 빛을 보지 못한 제멜바이스는 부다페스트에 세워진 의과대학이 개교 200주년을 맞이한 1969년에 자신의 이름을 따서 "제멜바이스 의과대학"으로 이름을 바꾸는 것을 지하에서 지켜볼 수밖에 없었다.

무균법의 중요성

1860년에 글래스고 대학 외과학 교수가 된 리스터Joseph Lister(1827~1912)는 수술 뒤 감염으로 인한 사망자를 줄이는 일에 관심을 가졌다. 그는 미생물이 질병을 일으킨다는 파스퇴르의 논문을 접한 1863년부터 수술한 상처가 곪는 것은 상처 부위에 세균이 침입하기 때문에 생기는 현상으로 보았다. 이 상처로 침입한 병원성 미생물이 늘어나 온 몸으로 퍼지는 현상이 패혈증이라는 생각을 한 그는, 수술 뒤 발생한 상처에 미생물이 감염되지 않도록 하는 방법을 찾는 것을 자신의 연구목표로 정했다.

그러나 리스터에게는 좋은 발상은 있었지만 미생물학에 대한 지식은 별로 없었다. 패혈증이 세균 때문에 발생하고 패혈증 예방을 위한 대책을 세워야 한다는 목표만 세웠지 이에 대한 연구를 진행할 능력이 없어서 자신의 생각을 접어두어야 했다. 그런데 얼마 뒤 한 농부에게서 귀가 번쩍 뜨이는 이야기를 듣는다. 자신이 살던 마을의 한 목장에서 가축이 원인도 모른 채 죽었는데, 하수로에 석탄산(페놀)을 타서 흘려보내자 가축이 죽는 일이 크게 줄었다는 것이었다. 리스터는 가축의 질병이 세균 때문에 발생한 것이며, 석탄산을 이용하면 이를 예방할 수 있을 것이라는 생각을 했다.

리스터는 이를 환자들에게 적용하기 위해 1865년부터 석탄산을 이용한 실험에 착수했다. 그 결과, 비록 첫 번째 환자는 석탄산 사용 시기가 늦어 세상을 떠났으나, 이에 굴하지 않고 연구와 실험을 계속해 몇 명의 환자를 구했다. 열두 명의 환자에게 자신의 방법을 시도한 결과 두 명은 2차 출혈로 죽었고, 한 명은 다리를 잘라야 했지만 아홉 명은 깨끗이 나았다. 그는 이 결과를 1867년 3월에 「복합골절 시 발생하는 농양 등의 새로운 치료방법」이라는 논문으로 발표했다. 그는 논문에서 수

무균처리로 수술 후 발생하는 감염을 해결한 리스터. 육각형은 페놀 구조에 들어있는 벤젠링을 의미하며 오른쪽의 엘리자베스 2세는 국가표시 대신 영국에서 우표가 발행되었음을 보여 준다.

술 뒤에 생긴 상처 부위에 세균의 침입과 증식을 막기 위해 석탄산에 적신 붕대를 상처에 감으면 된다고 주장했다.

이러한 그의 주장은 독일을 비롯한 여러 나라에서는 어느 정도 호응을 얻었으나, 모국인 영국에서는 제멜바이스처럼 다른 의사들의 동의를 구하지 못한 채 따돌림을 받게 되었다. 그러나 리스터는 자신의 연구를 계속해 수술실에 석탄산을 뿌려 수술실 전체를 무균실로 만드는 방법과, 수술할 때 의사의 손은 물론 모든 수술 기구와 장비를 소독하는 방법, 상처와 닿는 모든 물체를 소독하는 방법 등을 연구했다. 이것은 오늘날 수술실에서 할 수 있는 감염 예방조치의 대부분에 해당한다. 그의 제안을 받아들여 소독작업을 한 수술에서는 패혈증 발생 빈도가 눈에 띄게 줄었으며, 이러한 결과가 쌓여 서서히 그의 주장을 받아들이게 되었다.

리스터는 자신이 개발한 이 방법을 '방부법(asepsis)'이라고 이름 붙였다. 훗날 리스터는 무균법의 원리를 외과학에 도입한 데 대한 찬사는 제멜바이스의 몫이 되어야 한다고 말해 비운에 간 제멜바이스의 공적을 치하했다. 그러나 그의 말과는 관계없이 대부분의 의학 역사책에는, 외과 수술을 할 때 무균 처리를 최초로 도입한 인물이 리스터라고 소개되어 있다

무균법의 진짜 선구자들

그렇다면 제멜바이스의 발견은 그 당시에 상상도 못하던

대단한 발견이었을까? 반드시 그런 것만은 아니다. 의학사의 순서를 논하기는 힘들지만 제멜바이스보다 앞서서 멸균소독의 중요성을 말한 이들이 있다. 단지 그들의 주장이 널리 알려지지 못했거나 다른 사람들이 자신들의 이론을 따르게 할 만큼 호소력이 떨어져 무시당했고, 영향을 끼치지 못한 까닭에 역사에서 중심에 서지 못하고 구석으로 몰린 것이다.

스코틀랜드의 고든Alexander Gordon(1752~1799)과 영국의 화이트Charles White(1728~1813)와 같은 18세기 영국의 산부인과 의사들은 자신들이 산욕열 전염의 원인일 것이라는 생각을 이미 한 바 있다. 그들은 청결한 분만실 관리가 산욕열에 의한 사망율을 저하한다는 사실을 이미 알았고, 화이트는 환자와 산모에게 사용하는 도구들을 깨끗이 유지해야 한다는 논문을 발표하기도 했다. 또한, 고든은 1795년에 산욕열로 패혈증이 생긴 산모들이 건강한 여성들과 접촉하는 것은 위험하다는 발표를 했다.

미국의 시인이자 의사였던 홈스Oliver Wendell Holmes(1809~1894)는 1843년 「산욕열의 전염성On the Contagiousness of Puerperal Fever」이라는 논문을 통해 산욕열이란 산모에게 퍼지는 전염성 질환이며 청결이 중요하다고 주장했다. 그러나 제멜바이스가 그랬던 것처럼 자신의 주장에 큰 반발이 일어나자, 자신의 주장을 관철시키려 하지 않은 채 해부학 교수와 수필가, 강연자로서 인생을 살아가는 데 만족했을 뿐이다.

홈스는 1843년에 발표한 자신의 논문을 통해 아래와 같은 방법으로 전염병의 전파를 막을 수 있다고 제시했다. 독자들은 이 내용을 현대의 이론과 비교해 보기 바란다.

   1. 의사는 산모나 중년의 여성 환자를 대하기 앞서 산욕열과 같은 전염성 질환의 검사에 결코 참여해서는 안 된다.
   2. 의사가 부검에 참여할 때에는 철저히 손을 씻고 새 옷으로 갈아입어야 하며, 부검 뒤에는 24시간 이상 지나서 진료에 임해야 한다. 단순한 복막염과 같은 질병을 대하는 경우에도 같은 방법으로 하는 것이 좋다.
   3. 이와 같은 주의사항은 단독丹毒(erysipelas)을 수술하는 경우에도 해당하며 의사가 이런 환자와 산모를 번갈아가며 진료하는 것은 가장 부적절한 치료다.
   4. 진료하다 산욕열 환자를 대하게 되는 경우, 적어도 몇 주 동안은 산모를 진료하지 말아야 한다. 그렇지 않으면 의사 때문에 산모가 산욕열 발생의 위험에 처하게 되므로 의사는 산모의 질병과 죽음의 위험을 줄이려고 주의를 기울여야 할 의무를 지닌다.

미생물학의 아버지, 파스퇴르

   현대과학의 입장에서 볼 때 파스퇴르Louis Pasteur(1822~1895)는 미생물학의 기초를 다지는 데 가장 큰 역할을 한 사람이다. 파스퇴르는 질병과 미생물을 최초로 명확하게 연결해 전염성 질병의 원인이 병원성 미생물이라는 학설을 완성했다.

파스퇴르는 1846년부터 발라드Antoine Jerome Balard(1802~1876)의 조수로 화학 연구에 참여했다. 1848년에 주석산 결정에 대한 선광성을 연구해 이학박사가 되었다. 릴레대학교 화학교수로 근무하던 1856년에 양조업자들이 자신들의 포도주가 쉽게 상하는 이유를 알려 달라고 부탁해

연구에 열중하고 있는 미생물학의 아버지, 파스퇴르.

발효에 대한 연구를 시작했다. 발효 현상을 화학 반응만으로 설명하던 기존의 이론에서 벗어나 미생물이 발효와 관련 있을 것이라는 생각으로 연구에 전념했다. 그리하여 정상 알코올 발효는 효모 때문에 발생하지만 비정상 발효는 젖산균과 같은 다른 미생물 때문에 생긴다는 것을 알게 되었다.

1861년에는 백조 목처럼 생긴 긴 플라스크를 이용한 실험으로 자연발생설이 잘못된 이론임을 증명해 큰 명성을 얻었다. 여기서 한걸음 더 나아가 미생물이 질병의 원인임을 증명하고, 이를 예방하기 위해 1863년에는 저온살균법을 고안해 발표했다.

1865년에는 생사 제조업자들과 농림부 장관에게서 당시 유

행하던 누에병에 대한 해결책을 마련해 달라는 요청을 받았다. 파스퇴르는 누에병이 또 다른 병원성 미생물로 생기는 것임을 밝혀내고 예방 대책을 마련했다. 그리고 이 연구를 진행하던 1866년에 『포도주의 발효*Etude sur le Vin*』를 출간하면서 발효의 종류와 미생물과의 관련성을 밝히고 포도주를 만드는 과정을 과학에 기초해 설명하기도 했다.

1877년부터 인간과 고등동물에 발생하는 감염성 질환으로 관심을 돌린 그는 1880년, 가축이 잘 걸리는 전염병인 탄저병과 닭콜레라에 대한 연구를 시작해 이 질병의 해결을 위한 예방접종법을 개발했다. 그리고 1885년에는 광견병 예방주사를 개발하기에 이르렀다. 탄저균에 의해 발생하는 탄저병은 원래 가축이 걸리는 질병이지만 사람도 걸릴 수 있으므로, 그의 예방법은 사람의 감염성 질병을 해결하는 데에도 큰 도움이 되었다.

각 분야에 걸쳐 수많은 공적을 이룬 그를 기념하고자 프랑스의 과학아카데미에서는 1886년부터 파스퇴르 연구소를 설립하기 위한 모금운동을 전개해 1888년에 준공식을 한다. 파스퇴르는 이 연구소의 초대 소장으로 취임했으며, 이 연구소는 현재 프랑스는 물론 세계 의과학 연구의 중심지로서 역할을 수행하고 있다. 1895년 9월 28일, 73세로 세상을 떠난 후에는 연구소 지하에 묻혔으며, 현재 연구소의 일부는 그를 기념하는 박물관으로 개조되어 관광객들을 맞고 있다. 프랑스가 낳은 19세기의 위대한 과학자인 파스퇴르가 영원히 사람들의 머릿속에 남게 된 것이다.

1796년에 제너는 인류를 괴롭혔던 두창을 해결할 수 있는 종두법을 발표했다. 이에 영감을 얻은 파스퇴르는 자신이 예방접종을 하려고 사용한 균으로 만든 약을 '백신vaccine'이라 하고, 자신이 고안한 방법을 '예방접종(vaccination)'이라 불렀다. 즉, 예방접종(vaccination)은 제너가 종두법을 개발할 때 암소를 이용한 데서 유래한 명칭이다.

세균으로 생긴 질병인 닭 콜레라와 탄저병, 바이러스로 생긴 질병인 광견병 예방법을 발견한 파스퇴르에게 '미생물학의 아버지'라는 별명이 붙었다. 현대의 외과는 파스퇴르와 리스터가 가르쳐 준 이론과 예방법 덕분에 감염의 위험에서 벗어나 안전하게 수술하고 있다.

세균학의 아버지, 코흐

노벨 재단 홈페이지에 나와 있는 1905년 노벨 생리의학상 수상자는 코흐Robert Koch(1843~1910)이다. 그는 '결핵균을 발견'했다. 그러나 다른 여러 자료에는 코흐가 '세균학을 창시'했다고 한다. 실제로 그는 '세균학의 창시자'로 널리 알려져 있다.

프러시아 출신의 코흐는 프프전쟁(보불전쟁)에 자원해 군의관으로 참전하는 등 모험을 좋아하는 성격이었다. 그러나 그의 첫사랑은 이러한 그의 성격을 못미더워했고, 결국 코흐는 사랑하는 여자와 결혼하기 위해 조용한 시골에서 개업의사로 살아가겠다는 약속을 한다. 반복되는 일상에 따분함을 느끼던 그를 위로하기 위해 아내는 당시 사회의 큰 논점인 미생물과 세포학을 연구할 수 있도록 현미경을 선물하는데, 이것이 그의 인생을 바꾸어 버린다.

이 무렵에는 탄저병이 대유행했다. 가축도 일단 걸렸다 하면 하루를 못 버티고 죽었으며, 감염된 사람들도 죽는 경우가 많아 농촌마다 탄저병의 공포에 떨었다. 탄저병에 관심을 갖게 된 코흐는 탄저병에 걸린 동물의 혈액을 쥐에게 주사하자 이 쥐가 하루 만에 죽는 것을 알았다. 죽은 쥐의 혈액을 관찰한 결과 이미 앞선 연구자들이 발견한 간상체를 다수 발견했다. 이 간상체는 실 모양으로 늘어서기도 하고, 작고 둥근 모양으로 떨어져 나와 포자를 형성하기도 했다. 이 세균은 환경 변화에 잘 적응하지 못하는 성질을 지녔지만, 일단 포자를 형성하면 주변 환경에 대한 저항력이 강해져서 어떤 상황에서든 죽지 않고 버텨나갈 수 있는 능력이 있다. 코흐는 이 세균이 동물의 몸 안에서 늘어나면 탄저병이 발생하는 사실을 발견한다. 코흐는 이 내용을 1876년에 발표하며 이때부터 한 종류의 병원균만을 순수배양하기 위한 방법을 세우기 위해 연구를 진행한다. 코흐는 세균연구의 기초 방법을 세우고 현재도 이용하는 멸균법을 자신의 연구에 적용해 실험 기자재들의 오염을 방지하는 데 공헌했다.

코흐의 능력을 인정한 독일 정부는 1880년에 베를린 국립

보건 연구소를 설립해 그를 소장으로 임명한다. 이 연구소는 프랑스의 파스퇴르 연구소와 마찬가지로 전 세계의 연구자들이 모여드는 중심지로 자리 잡는다. 코흐의 제자들 가운데에는 노벨상을 수상한 사람이 여럿 있고, 이 실험실에서 이룬 연구업적이 세균학 발전에 큰 공헌을 했다. 19세기 말에 속속 밝혀지기 시작한 각종 전염병의 원인균인 임균, 단독균, 매독균, 재귀열균, 나균, 디프테리아균, 파상풍균, 폐렴균, 뇌수막염균 등을 발견한 공로는 각 개인에게 돌아갔지만, 이들의 업적이 세균학의 기초를 다진 코흐의 영향임을 부정하는 사람은 아무도 없었다.

탄저병의 원인균을 규명한 뒤 코흐는 산업혁명으로 도시화가 진행되면서 큰 문제로 떠오른 결핵의 병원체를 찾아내기 위한 연구에 몰두했다. 드디어, 코흐는 1882년 3월 24일 베를린의 병리학회에서 결핵의 원인균을 찾아냈다는 발표를 했다. 또, 1800년대 초에 인도에서 시작해 수차례에 걸쳐 전 세계에 퍼지던 콜레라의 원인균을 살펴보기 위해 제자인 가프키Georg Theodor August Gaffky(1850~1918)를 데리고, 당시 가장 콜레라가 만연하던 알렉산드리아로 갔다. 경쟁자인 파스퇴르도 루Pierre Paul Emile Roux(1853~1933)를 단장으로 하는 그의 제자들을 파견해 선의의 경쟁을 펼친다. 그 결과, 코흐의 연구팀이 1883년에 콜레라균 상태를 살피고 그 감염경로를 밝혀 예방을 위한 기초방법을 내 놓는다.

한편, 탄저병의 원인균을 발견한 코흐는 대학시절 자신을

세균학의 아버지 코흐.

지도한 콘Julius Friedrich Cohn(1828~1898) 교수에게 실험결과를 보고했다. 세균학계의 권위자인 콘은 그의 연구를 높이 평가하며 이 논문을 1876년에 발표하게 했다. 이 논문은 전염병이 세균으로 발생한다는 것을 최초로 밝히는데, 이것은 2년 뒤 코흐가 특정 병원균이 특정 질병을 일으킨다는 것을 증명하는 기준으로 제시한 '코흐의 가설' 또는 '코흐의 4대 원칙'을 정립하는 데 토대가 된다. 이 원칙은 다음과 같다.

1. 병원균은 질병을 앓고 있는 환자나 동물에서 반드시 발견해야 한다.
2. 병원균은 질병을 앓고 있는 환자나 동물에서 순수배양법으로 분리해야 한다.
3. 분리한 병원균을 건강한 실험동물에 접종하면 동일한 질병을 일으켜야 한다.
4. 실험으로 감염시킨 동물에서 동일한 병원균을 다시 분

리 배양해야 한다.

이와 같은 그의 원칙은 탄저균, 결핵균, 콜레라균을 발견한 그의 업적과 더불어 그에게 '세균학의 아버지'라는 별명을 붙일 정도로 다른 연구자들에게 연구의 표준을 제시한 점에서 크게 평가받고 있다. 오늘날에도 질병을 일으키는 새로운 미생물(세균)을 발견했다는 표현을 쓸 때는 코흐의 4원칙에 맞는지 논의하곤 한다.

그러나 코흐의 4대 원칙이 독창적인 생각이라고 보기는 어렵다. 그의 스승인 헨레Jacob Henle(1809~1885)가 특정 생물이 특정 질병의 원인이라는 것을 입증하기 위해 필요하다고 한 세 가지 조건을 더 명확히 한 것에 불과하기 때문이다. 헨레의 세 가지 조건은 다음과 같다.

1. 특정 질병에는 기생균이 항상 존재해야 한다.
2. 이 기생균을 다른 생명체에서 분리해야 한다.
3. 분리한 기생균은 똑같은 질병을 일으킬 수 있어야 한다.

지금까지 현미경의 발명으로부터 코흐가 세균학의 기초를 확립하기까지, 원성 미생물과 관련한 근대의학의 발전과정을 소개했다. 근대의학은 세균 때문에 생기는 질병의 원인을 밝히는 데는 상당한 진보를 이루었지만, 그 해결 방법은 예방접종밖에 제시하지 못했다. 그러나 특정 질병을 일으키는 특정 세균이 있다는 사실은, 특정 세균에 맞는 약을 개발해 특정 질병을 없앨 수 있을 것이라는 기대를 갖게 했다. 인류는 20세기의 가장 위대한 업적의 하나로 평가되는 화학요법제 개발을 눈앞에 두고 있었다.

화학요법의 창시자, 에를리히

화학요법의 여명기

인류의 탄생 이후 질병은 항상 인류와 공존해 왔으며, 미생물의 존재에 대해 전혀 모르던 과거에도 인류는 각종 질병, 특히 전염병으로 괴로움을 겪어야 했다. 질병에서 벗어나려는 인류의 노력은 신에게 질병 해결을 부탁하는 원시 주술로 출발했지만, 경험을 쌓아 가면서 약초나 주위에서 구할 수 있는 물질을 치료에 쓰기 시작했다.

인류는 오래 전부터 자연계에서 얻을 수 있는 여러 가지 물질을 몸에 적용하면서 지역마다 고유의 처방을 발전시켰다. 그리고 근대 이후 과학이 발전하면서 이러한 물질에서 특정한 효과를 지닌 성분을 순수 분리하고, 그 성분의 작용원리를 알게 되면서 약제로 개발한 것이 많다. 하지만 어떤 것은 약제로 개발되지 못한 채 도태되기도 했으며, 학문으로는 인정을 받지 못했지만 비법 취급을 받는 것도 있다. 엄밀히 구별하자면 인류의 선조들이 사용한 방법은 대부분 약물요법이지, 화학요법이라고 할 수 있는 경우는 아주 적다. 즉, 말라리아 치료에 쓴 키니네나 아메바성 이질 치료에 쓴 에메틴이 19세기 이전에 사용한 화학요법제의 전부였으며, 이 둘 모두 세균이 아닌 원생동물을 치료하기 위한 것이었다. 각종 전염성 질병의 원인이 세균임을 알게 된 19세기 말에 수많은 사람들이 병원체에 특이하게 작용할 수 있는 물질들을 찾아내려고 했다.

19세기 후반은 독일에서 리비히Justus Freiherr von Liebig(1803~1873) 등이 유기화학 분야에서 많은 업적을 남기면서 염료공업 등에 화학지식을 응용하기 시작한 때이다. 이 시기에는 새로운 물질을 추출해 순수 분리하는 방법을 개발한다. 염색제에 관심을 둔 에를리히Paul Ehrlich (1854~1915)는 몸에는 해가 없으면서도 병원성 미생물만을 잡아서 죽이는 물질을 찾을 수 있을 것이라는 희망을 갖고 이 분야의 연구를 진행했다. 화학요법의 여명기가 시작된 것이다.

에를리히의 생애

1854년 프러시아(현재의 독일)에서 태어난 에를리히는 고등학

교를 졸업한 뒤 외사촌 형인 바이게르트Karl Weigert(1845~1904)가 다니던 브레슬라우 대학교에서 의학공부를 시작한다. 미생물학과 병리학을 연구하던 바이게르트는 에를리히의 진로에 큰 영향을 준 학자이기도 하다.

에를리히는 대학에 들어갔지만 여러 가지 사정으로 학교를 옮겨 다녀 6년이 지난 1878년

화학요법의 창시자 에를리히.

에야 라이프찌히 대학에서 학사 학위를 받았다. 2년의 의예과 과정과 4년의 의학과 과정으로 이루어진 6년제 의과대학은 1910년대에 미국에서 플렉스너의 보고서가 나온 뒤에 정착된 것이다. 당시에는 6년이라면 일반 학생들보다 훨씬 늦게 학업을 마친 것이다. 1차 시험에 통과하고 최종시험을 치르기 전까지 바이게르트의 권유로 브레슬라우 대학에 있는 콘하임의 연구실에서 일할 기회를 잡고, 이때 진행한 연구로 의학사 학위는 물론 박사 학위까지 딴다.

학창 시절부터 조직 염색에 사용하는 색소에 관심을 둔 에를리히는 의과대학을 졸업하고 동물조직의 염색에 관한 연구에 관심을 가졌다. 베를린 의과대학의 프레릭스 교수 연구실에 들어가 색소를 산성·염기성·중성으로 분류하고 혈액 세포 안에 있는 과립을 염색하고 관찰하는 일을 했다. 이 과정은 훗

날 혈액학과 조직학 염색방법의 토대가 된다.

1882년에 코흐가 결핵균을 발견하자, 그는 코흐의 방법을 개량한 염색법을 고안해 발표했다. 이를 눈여겨 본 코흐의 제의로, 1890년부터 그가 소장으로 있던 베를린 전염병 연구소에서 근무하게 되면서 면역학에 대한 연구를 시작했다. 1908년에는 면역학에서 항체 형성에 대한 이론을 인정받아 노벨 생리의학상을 받는다.

에를리히는 1896년 혈청연구와 관리를 위해 프랑크푸르트에 있는 국립연구소장으로 임명되면서 화학요법제의 연구를 시작했다. 화학 물질의 구조에 따라 세포 안의 작용 원리가 어떻게 달라지는지에 대해 연구한 그의 노력은 항균효과를 지닌 화학물질의 발견으로 이어진다. '트리파노조마의 화학요법'을 발표한 1907년에 '화학요법제'라는 용어를 처음 사용하고, 곧이어 화학물질의 수용체에 대한 개념을 도입한다. 1910년에는 606호로 합성한 비소화합물이 매독의 원인인 스피로헤타균에 효과가 있음을 발표했고, 이후에 더 좋은 효능을 지닌 네오살발산을 발견하기도 했다.

장년기를 넘어서도 학문에 대한 그의 열정은 식지 않았다. 암에 대한 연구에 관심을 가졌으며, 1906년에 제15회 세계의학총회의 명예상을 수상한 것을 시작으로 수많은 상을 받았다. 또, 수십 개의 학회에서 활동을 했으며, 1897년에 독일(프러시아) 정부는 그를 의학추밀원으로 선임했다.

면역학에서 세포의 탐식작용에 대한 업적으로 노벨상을 공동수상한 메치니코프Ilya Ilyich Mechnikov(1845~1916)와 마찬가지로 유태인인 에를리히는 순탄한 생애를 보낸다. 하지만, 프랑크푸르트에 있던 그의 이름을 딴 '폴 에를리히 거리'는 히틀러가 집권하면서 한때 그 이름을 잃어버리기도 했다. 근면하면서도 신중하고 친절한 성격으로 동료와 제자들에게 존경을 받은 그는 1915년 함부르크에서 여름휴가를 보내다 두 번째로 발생한 뇌졸중으로 세상을 떠났다.

마법의 탄환 이론

학창시절부터 염색화학에 빠진 에를리히는 특히 생물 조직을 염색하는 방법에 관심이 많았다. 그가 콘하임의 실험실에서 일할 때 이곳을 방문한 코흐는 에를리히를 만났고, 콘하임은 '염색을 잘 하는 에를리히'를 코흐에게 소개했다.

에를리히는 1882년 코흐가 결핵의 원인인 세균을 분리했다는 발표를 한 학회에 참석한 적이 있다. 학회에서 에를리히는 생체기관과 결핵환자의 객담을 염색했을 때, 이상한 막대기 모양의 세균을 본 것을 기억해 냈다. 이를 확인하기 위해 학회에서 돌아오자마자 객담에서 얻은 새로운 검체를 염색하다가 슬라이드를 난로 위에 놓고는 깜빡 잊어버렸다. 다음날 난로에 불을 지폈을 때 검체는 아름답게 염색되어 있었다. 이것이 바로 인류가 최초로 결핵균을 눈으로 본 순간이었다. 이로 인해 결핵 환자에게서 객담을 조사하는 것이 보편화되었다. 이 염색법은 질과 넬슨이 개발한 염색법(Ziehl-Neelson stain)의 기초가 되었으며, 염색법이 더 발전해 현재 세균의 염색 및 분류에 널리 이용하는 그램 염색법(Gram stain)이 고안되었다.

이 이야기가 진짜인지는 알 수 없지만 에를리히가 결핵균 염색법을 처음 개발한 것은 확실하다. 코흐도 나중에 에를리히의 영향으로 결핵균 염색법이 일반화되었다는 기록을 남겼다. 에를리히가 개발한 여러 가지 염색법에 흥미를 느낀 코흐는 베를린에 있는 자신의 연구소에서 에를리히에게 일할 기회를 주었다. 에를리히는 세균학 연구에 몰두하던 수많은 능력 있는 과학자들과 함께 연구할 수 있었다.

1901년 첫 노벨 생리의학상을 수상한 베링.

에를리히는 곧바로 베링Emil von Behring(1854~1917, 디프테리아 혈청요법을 개발해 1901년 노벨 생리의학상 수상)과 공동연구를 했다. 당시에 베링은 디프테리아 항독소에 대한 연구를 하고 있었다. 에를리히는 연구 초기에 실험동물에게 적은 양의 라이신ricin(아주까리에 들어 있는 독소로 현대의 유력한 생물무기의 하나임)이나 애브린abrin 독소를 주입해 독성 효과가 동물의 혈액을 따라서 중화하는 것을 발견했다. 그는 시간 간격을 충분히 두고 독소의 양을 서서히 늘리면서 실험동물에 투여하면 실험동물의 혈청에 항독소의 양도 증가한다는 것을 발견했다. 디프테리아 독소를 투여한 실험동물에서 항독소를 분리하는 데 어려움을 겪던 때였으므로 이는 중요한 발견이었다. 화학 지식을 기본바탕으로 삼은 에를리히는 디프테리아 독소와 항독소의 반응을 유사 화학반응으로 취급했는데, 혈청에서 디프테리아 항독소의 양을 측정할 수 있는 방법을 곧 개발할 수 있었다.

에를리히는 예방접종방법이 화학반응처럼 특이성이 아주 강한 반응임을 간파했다. 디프테리아에 대한 항독소는 디프테리아에만 효과가 있을 뿐 다른 질병에는 전혀 효과가 없는 것을 유사 화학반응으로 생각한 것이다. 그는 신체가 능동성 있는 방어체계를 갖고 있다는 메치니코프의 주장과, 건강한 세포든 병든 세포든 상관없이 세포가 생명의 기본 단위라는 피르호Ludolf Virchow(1821~1902)의 말을 믿었다. 그는 서로 다르게 보이는 생각을 통합하는 능력이 뛰어난 학자였다. 그는 독소 치료를 위해 항독소를 사용하는 것을 넘어서서 화학의 특이성을 가진 치료제를 사용해 질병을 치료할 수 있을 것이라는 새로운 이론을 창안하고, 이것을 '마법의 탄환(Magic Bullet)'이라고 이름 붙였다.

에를리히는 염색법 개발에 두각을 나타내어, 인체의 면역반응에 관여하는 항체가 어떻게 형성되는지를 설명하기 위한 이론의 근거를 마련했으며, 특정 세균에 효과를 지니는 화학요법제를 발견했다. 서로 다르게 보이는 이들 업적은 실제로는 그가 정립한 한 가지 개념에서 나온 것인데, 그것이 바로 마법의 탄환이다.

항체형성의 곁사슬 이론

마법의 탄환에 대한 그의 발상은 특정 염색약이 신체의 특정 조직에 특이하게 염색되는 것을 반복 관찰하면서 얻은 통찰력에 기인한 것이다. 그는 세포의 종류가 다르면 세포 표면에 종류가 다른 분자를 지녔으므로 염색약에 특이하게 반응할 것이라는 생각을 했다. 그는 인체가 라이신이나 디프테리아 독소에 특이한 항독소를 생산해 낸다는 것을 증명했으며, 서로 다른 독소가 각기 다른 종류의 세포에 작용한다는 것도 알아냈다.

그는 사람의 세포 표면에는 먹이를 받아들이기 위한 능력을 지닌 분자가 있으며, 염색약이나 외부에서 침입한 독소가 세포표면의 분자들과 반응할 수 있는 능력이 있다고 생각했다. 에를리히는 세포 표면에서 염색약, 독소, 먹이에 대한 특이한 화학 성질을 드러내는 이 분자를 곁사슬(side chain)이라 불렀다. 곁사슬은 오늘날의 개념으로 말하자면 수용체(recepter)에 해당한다.

에를리히의 이론을 다시 살펴보면 정상 세포 표면에는 수많은 수용체가 있고, 이 수용체는 각각 수용체에 특이한 물질과 반응해 고유한 기능을 한다. 벤젠 분자가 여러 개의 원자와 결합하는 모양을 하고 있는 것처럼 수용체는 세포 표면에서 곁사슬처럼 튀어 나간 모양이라고 생각했다. 이 곁사슬 가운데 특정한 독소와 잘 결합하는 부분이 있으며, 이것이 평상시에는 생리작용을 하지만 독소와 결합하면 몸에 해를 끼치는 것이다.

곁사슬과 독소가 결합하면 세포는 제 기능을 못하게 되므로 이에 대한 보상작용이 일어나 더 많은 곁사슬이 만들어져 원래 필요한 양보다 많아진다. 필요 이상으로 만들어진 곁사슬은 세포에서 방출되어 혈액으로 나오며 이렇게 떨어져 나온 곁사슬이 독소에 대한 항독소 역할을 해 몸에 침입한 독소가 효력을 잃는다는 것이 그의 이론이다.

에를리히가 생각한 항독소는 독소가 결합할 수 있는 곁사슬에서만 만들어지므로 독소에 대한 특이성을 지니게 된다. 특정 항독소는 특정 독소에만 결합하고, 다른 독소와는 결합

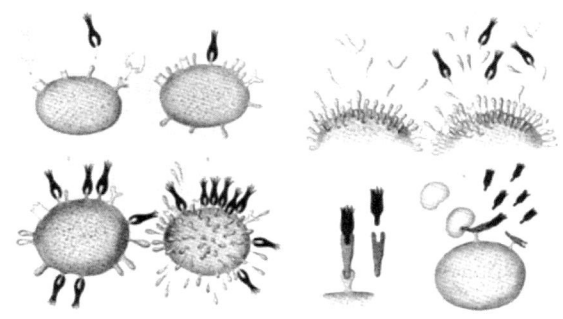

에를리히의 항체형성 이론. "On Immunity with Special Reference to Cell Life" *Proceedings of Royal Society of London 66*, 1900, pp.424-448.

하지 않는 특성이 있다는 독소와 항독소의 개념은 오늘날 항원과 항체에 대한 이론과 거의 같다고 할 수가 있다. 그는 약물에 대한 수용체와 독소에 대한 수용체의 개념을 따로 구별했으며, 항체형성이 곁사슬의 다양성에 의해 이루어진다는 이 이론으로 1908년에 노벨 생리의학상을 수상한다.

곁사슬 이론은 이제 진리가 아니다. 현대 개념으로 항원이란 몸 안에서 항체 생산을 유도할 수 있는 물질을 모두 가리키며, 항체는 현재까지 알려진 것만 수만 가지에 이른다. 항체는 앞으로도 얼마든지 발견할 수 있으므로, 그의 이론이 옳다면 세포는 각각 최소한 수만 가지 이상의 수용체를 지녀야 하지만, 실제는 그렇지 않다.

그러나 엉터리 이론으로 노벨상을 수상했다고 해서 그의 업적에 흠이 되지는 않는다. 그는 항체형성 과정을 설명한 학자라기보다는 '화학요법의 창시자'로 기억되고 있다. 실제로 살발산 발견이라는 그의 업적도 곁사슬 이론을 발전시켜 특정 약제는 세포의 특정부위(수용체)에 가서 결합할 것이라는 가설로 이루어진 것이므로, 그의 이론은 의학발전에 큰 공헌을 했다고 할 수 있다.

마법의 탄환을 찾아서

에를리히가 생각한 질병 치료법은 각 질병에 대한 특이한 원인을 찾아서 그 원인을 해결하는 것이다. 이를 위해 그는 질병의 원인인 세균만을 골라 죽이는 화학물질을 합성하려는 생각을 하게 되었다. 항독소가 독소와 반응하듯이 세균표면에 결합하는 화학물질을 합성해 낸다면 그 물질이 세균의 작용을 억제할 것이다. 에를리히의 최종목표는 감염체에 특이하게 반응하고 그것을 없앨 수 있지만, 환자의 세포에 반응하지 않는 화학물질, 즉 마법의 탄환을 발견하는 것이다.

에를리히는 자신의 연구소에서 화학요법 연구를 위해 열정을 쏟았다. 각각의 염색제와 이것에 합성한 유도체는 에를리히가 기대하는 효과를 지닌 약제를 얻기 위한 시험에 이용했다. 당시 급격히 발전하던 제약 산업에 종사하는 이들과 에를리히가 다른 점은 화학물질의 특이성을 이용하려 했다는 것이다.

1906년, 영국에서 비소를 넣은 아톡실이라는 염색제가 트리파노조마라는 기생충에 감염된 실험동물을 치료하는 데 효과가 있다는 사실을 발견했다. 그러나 아톡실은 시신경에 독성이 있었으므로 사람에게는 사용할 수 없었다. 에를리히는 자신만의 방법으로 아톡실의 구조를 연구해 1863년에 발표한 구조식이 틀렸다는 결론을 내린다. 그는 아톡실이 사람에게는 독성을 지니지 않으면서 기생충에게는 독성을 지니도록 변형할 수 있는 구조식을 가졌다고 결론지었다. 결국, 그는 트리파노조마를 죽일 수 있으면서도 몸에 독성이 없는 화합물을 합성했고, 이 화합물의 번호는 418이었다. 이것이 인류역사상 최초로 탄생한 합성 화학요법제이다.

에를리히가 이끄는 연구팀은 비소화합물의 구조를 변형시

키기 위한 연구를 계속 진행해 606번 화합물을 합성했다. 그러나 트리파노조마에 대한 효과가 신통치 않아 연구를 더 진행하지 않았다. 베링, 에를리히 등과 함께 코흐의 연구실에서 일한 뒤 도쿄에서 연구소장으로 일하고 있던 기타사토는 1909년에 사하치로라는 연구원을 에를리히의 연구소에 보냈다. 당시 사하치로는 토끼에 매독을 감염시키는 연구를 하고 있었다. 샤우딘Fritz Richard Schaudinn(1871~1906)이 매독의 원인이 되는 스피로헤타균(Spirochaeta pallidum)을 1905년에 밝혀낸 뒤, 에를리히는 그가 얻은 화합물이 매독에 치료효과를 지니는지를 검사할 예정이었다.

사하치로는 에를리히가 합성한 모든 화합물을 대상으로 매독에 효과를 지닌 화합물을 찾기 위한 노력을 집약한 연구를 시작했다. 그리고 기대에 어긋나지 않게 606번 화합물이 트리파노조마에는 효과가 없지만, 매독을 일으키는 스피로헤타균에는 대단한 효과가 있다는 것을 알았다. 에를리히는 이 약제에 대해 1909년에 특허를 받은 뒤, 동물실험과 임상시험을 거쳐 1910년 4월에 임상시험 결과를 발표했다.

에를리히는 단순히 606호라 부르던 이 약제를 '살발산salvarsan'이라 이름 붙이고 연구를 계속해 더 나은 약제를 얻고자 노력했다. 그 결과 더욱 쉽게 합성할 수 있으면서도 용해성이 높고 투여방법이 간편한 물질을 발견, 새로운 살발산이라는 뜻에서 '네오살발산neosalvarsan'이라 불렀다. 상품명은 살발산이지만 흔히 살발산 606이라는 이름으로 사람들의 입에 오르

내릴 정도로 606번의 실험 끝에 성공했다는 사실이 화제가 됐다. 이 약제는 몸에는 해가 없이 병원체만 골라 죽이는 물질인 마법의 탄환을 찾으려던 에를리히의 목표를 충족시킨, 항균작용을 지닌 최초의 화학요법제다.

독일과 경쟁관계가 심한 프랑스에서는 「606번 화합물 혹은 독일의 독약」이라는 논문을 발표했다. 이 논문은 606번 화합물은 절대로 매독을 고칠 수 없으며, 단지 매독으로 인한 피부 궤양 위로 피부를 자라게 할 뿐이라는 주장을 담고 있었다. 그러나 의사들은 매독 초기에는 적당한 양의 606번 화합물을 수은과 함께, 후기에는 창연과 함께 사용하면 매독을 치료할 수 있다는 사실을 알게 되었다. 무엇이든 기존의 상식을 깨는 이야기가 나오면 찬반논쟁이 불붙곤 하는데, 이러한 프랑스의 학문 비판도 세월이 흐른 지금은 라이벌의 쓸데없는 시비걸기로 판명되었다.

에를리히가 특허권을 훽스트 제약회사에 넘기면서 606호 화합물은 널리 이용되기 시작했다. 에를리히의 606번 화합물이 매독에 효과가 있다고 하자 의사들은 각종 질병에 이를 이용하려 했고, 매스컴은 크게 보도 하면서 효과를 과장하기도 했다. 그 결과 매독치료제인 살발산을 여러 가지 질병에 사용하기 시작했다. 마법의 탄환이 만병통치약으로 둔갑한 것이다. 어떤 약이나 그렇듯이 살발산의 남용과 오용은 그 약이 마법의 탄환이 아님을 보여주었다. 606번 화합물의 심각한 부작용이 나타나기 시작한 것이다.

에를리히는 마법의 탄환의 효과를 평가하기 위한 방법을 고안했다. 그는 한 가지 질병에는 한 가지 치료법만 가능한 완벽한 특이성을 기대했을지 모르지만 실제로 그것을 달성하지는 못했다. 특이성이 의학을 더 과학처럼 만들기는 했으나 그러한 특이성을 의학에 적용하는 것은 그리 간단하지 않았던 것이다. 그러나 분명한 것은 특이성을 추구한 과학 의학이 20세기 의학 발전에 큰 영향을 미쳤으며, 특히 전염병 해결을 위한 모범답안을 제시해 주었다.

화학요법제의 발견 이후

병리학, 혈액학, 면역학 분야에서 수많은 업적을 남긴 에를리히였지만, 화학요법제를 찾은 이후에는 오직 화학요법제를 찾아내는 일에만 심혈을 기울였다. 그러나 안타깝게도 그의 노력은 수포로 돌아갔고, 5년 뒤 그는 세상을 떠났다.

그는 비록 꿈을 펴지 못하고 세상을 떠났지만, 최초의 항균제라 할 수 있는 살발산을 발표한 뒤부터 전염성 질환에 대한 학자들의 호기심은 원인균 발견에서 치료제 개발로 옮겨 가게 되었다. 그러나 1910년에서 1930년까지 약 20년이 흐르는 동안 항균제 개발은 별다른 결과가 나타나지 않았다. 이 시기에 발견한 약제 가운데 효용가치가 있는 것은 원생동물에 대한 약제 몇 가지뿐이었다. 말라리아 치료제로 개발한 퀴나크린과 플래즈모킨, 항트리파노조마제인 수라민, 펜타미딘 등이 전부라고 할 수 있을 정도로 빈약했다. '천재는 99%의 노력과 1%의 영감으로 이루어진다'라고 하지만 다른 분야에서도 마찬가지인 것처럼 노력만으로는 안 되는 일도 많은 것이다.

1930년대에 도마크Gerhard Johannes Paul Domagk(1895~1964, 1939년 노벨 생리의학상 수상)가 에를리히와 마찬가지로 색소 유도체에서 발견한 프론토질은 실용화한 뒤에야 인류의 염원이던 항균제 개발에 후속타가 터졌다. 연이어 페니실린이 실용화되고 같은 계열의 여러 항생제들이 페니실린의 뒤를 따르면서 전염병에 대항하는 인류의 노력은 눈에 보이는 성과를 얻었다. 이후 곰팡이(진균)와 같은 생명체에서 항생제를 찾아내려는 시도가 보편화되면서 항생제 개발에 가속도가 붙어 20세기 중반을 지나면서 인류는 전염병에 대한 공포에서 거의 벗어났다. 참고로 매독에 대한 페니실린의 효과가 뛰어난 까닭에 1940년대 이후에는 서서히 살발산 606호와 네오살발산의 사용이 줄었지만, 에를리히의 업적은 화학요법이 발전할수록 빛이 나고 있다.

노벨상을 거부한 도마크

화학요법제와 노벨상

다이너마이트의 발견자 노벨Alfred Nobel(1833~1896)의 유언으로 제정한 노벨상은 인류에게 공헌한, 독창성과 창의성으로 번뜩이는 업적을 남긴 위대한 학자들에게 준다고 알려져 있다. 따라서 인류에게 크게 공헌한 업적을 남기기는 했지만, 앞선 연구자의 연구를 답습했다는 평가를 받은 수많은 과학자들이 경쟁의 대열에서 탈락해야만 했다.

그러나 여기에도 예외는 있다. 화학요법제를 발견한 공로로 노벨 생리의학상이 주어진 예는 자그마치 세 번이나 된다. 1939년에는 술폰아마이드계 약물을 발견한 도마크에게, 1929년에는 페니실린을 처음 발견한 플레밍Alexander Fleming(1881~1955)에게, 1945년에는 그 물질의 항균효과를 입증한 플로리Howard Walter Florey(1898~1969)와 카인Ernst Boris Chain(1906~1979)에게 노벨 생리의학상이 수여되었다. 항생제(antibiotics)라는 용어를 처음 쓴 왁스만Selman Abraham Waksman(1888~1973)은 스트렙토마이신을 발견한 공로로 1952년에 세 번째로 수상을 했으니, 비슷한 내용의 업적으로 3회에 걸쳐 다섯 명에게 노벨상이 주어진 셈이다. 아직까지 노벨상 역사에 항균작용을 지닌 화학요법제의 발견만큼 비슷한 업적으로 노벨상을 여러 번 받은 경우는 없다. 어떻게 이런 일이 가능했을까?

노벨상 선정위원회에서는 이에 대한 명확한 해명을 한 적이 없지만, 우선 그들의 발견이 인류에 미친 영향이 워낙 컸다는 사실에서 그 이유를 찾아야 할 것이다. 여기에 한 가지를 더 보태자면 술폰아마이드와 페니실린 가운데 어느 것이 최초의 항균제인가에 대한 논쟁도 빼 놓을 수가 없다.

화학요법제를 처음 발견한 에를리히는 항체형성에 대한 면역학적 이론을 세운 공로로 노벨상을 받았다. 백과사전이나 각종 인명록을 뒤져 보아도 그의 대표 업적은 '화학요법의 발견'이라고 되어 있지, '항체형성의 곁사슬 이론 제창자'라고 나온 경우는 드물다. 역사에 가정이 없지만 만약에 그가 '화학요법의 발견'이나 '매독치료제인 살발산을 발견'한 업적으로 두 번째로 노벨상을 수상했다면, 화학요법제는 네 번의 노벨 생리의학상을 가져갈 뻔 했다. 그의 화학요법은 20세기 의학을 출발점부터 이전과는 완전히 다른 의학으로 바꾸어 놓을 정도로 파급력이 컸는데, 왜 에를리히에게는 두 번째 노벨상이 주어지지 않았을까?

결론부터 말하면 에를리히는 두 번째 노벨상을 탈 수 없는 위치에 있었다. 그가 첫 노벨상 수상자가 된 것은 1908년이었지만, 그가 최초의 항균화학요법제인 살발산을 발견한 것은 그보다 1년 앞선 1907년이었고, 이를 학회에 발표해 공인받은 것은 1910년의 일이다. 그의 연구내용은 당시의 과학자들에게 전염병을 해결할 수 있다는 희망을 안겨주기는 했으나, 기대와 달리 약 20년이 지나는 동안 매독 이외의 질병에서 화학요법의 효과는 그다지 강력하지 못했다. 즉, 학문의 영향력이 크지 않았다. 그러던 차에 그는 세상을 떠나 버렸다. 아무리 훌륭한 업적을 남겼다 하더라도 노벨상은 사망자에게는 주지 않는다는 원칙이 있다.

플레밍이 페니실린을 발견한 것은 그가 죽은 지 14년이 지난 1929년의 일이다. 현대인들의 눈에 에를리히가 화학요법의 선구자로 보이는 것은 당연한 일이다. 20세기 초반의 사람들이 보기에는 에를리히는 단지 매독이라는 한 가지 질환의 치료제를 찾은 것일 뿐이었다. 즉, 그의 연구업적이 인류에게 크게 공헌을 한 것은 아니었기 때문에 현재와 같은 높은 평가를 받지는 못했고, 단지 그의 방법을 향상시켜 새로운 마법의 탄환을 발견하겠다는 학문적 욕구만 자극받았을 뿐이었다.

한편 플레밍은 우연한 발견으로 그의 업적을 후세에 전해

주기는 했으나, 이 '우연한 발견'이 인류에게 큰 공헌을 할 것이라는 사실은 눈치 채지 못했다. 그래서 에를리히를 제외하고 최초의 항균제가 무엇인가를 두고 플레밍이 발견한 페니실린이라는 항생제와 도마크가 1932년에 발견한 술폰아마이드가 맞붙었을 때, 어느 쪽이 먼저 발견한 것으로 보아야 하는지 끝나지 않을 논쟁의 소지를 남겼다.

1939년 도마크가 노벨상 수상자로 선정된 지 1년이 채 지나지 않은 1940년 8월, 플로리와 카인은 페니실린의 항생효과에 대한 연구결과를 발표했다. 도마크가 발견한 프론토질은 설파닐아마이드의 발견으로 이어지고, 계속된 노력으로 여러 가지 설파제(설파닐기를 가진 모든 약제를 통칭해 이르는 말)의 개발로 이어져 대단한 영향력을 보였다. 페니실린의 발견도 이 영향을 받았다고 할 수는 있지만 페니실린의 위력은 그보다 훨씬 더 컸다. 플로리와 카인의 발견은 그 이후로 의학자들이 신약 개발에 정진하도록 했다. 각종 유도체 연구도 더욱 활발히 진행했으며, 설파제보다 더 다양한 효과를 거두어서 도마크의 수상 6년 후인 1945년에 노벨상 대열에 끼었다.

1943년 빙선균에서 스트렙토마이신이라는 항생제를 분리해 1944년부터 시판에 들어간 또 다른 항생제 발견자 왁스만은 1952년에 노벨 생리의학상을 수상했다. 그의 수상업적은 '결핵 치료제인 스트렙토마이신을 발견한 공로'였다. 스트렙토마이신은 대표적인 결핵 치료제이자 최초로 발견한 결핵 치료제이다. 그가 노벨상을 수상한 것은 스트렙토마이신이 다른 질병이 아닌 결핵의 치료제였기 때문이다. 전염병 가운데 가장 많은 사망자를 낸 결핵이 왁스만 때문에 그 위력을 잃었으므로, 독창성에서는 좋은 점수를 얻지 못했지만 공헌도에서 워낙 뛰어나 노벨상을 수상했다.

도마크

1895년에 독일에서 태어난 도마크는 1914년에 킬 대학에 입학해 의학공부를 시작했다. 그러나 제1차 세계대전이 일어나는 바람에 불과 한 학기만 대학 생활을 하고 야전병원의 위생병으로 종군했다. 4년 반 동안의 야전 의무병 생활을 하며 각종 감염성 질환으로 사람들이 피폐해지는 모습을 본 그는, 전쟁의 참담함과 함께 인간의 무기력함을 절실히 깨닫고 감염성 질환의 해결을 위해 한몫을 해야겠다는 목표를 정한다.

전쟁이 끝나고 복학한 그는 1921년에 의과대학을 졸업하며 의사 생활을 시작했다. 이때부터 임상보다는 기초연구에 관심을 두고 크레아틴에 대한 연구, 물질대사과정과 분석에 관한 연구 등을 진행한다. 그라이프스발트 대학교 병리학 강사를 거쳐 1925년에 뮌스터 대학교 병리학 강사로 부임하는데 여기서 병리학에 관한 연구를 진행하면서 화학요법제에도 관심을 갖는다.

1927년, 바이어 제약회사의 연구소장은 우연히 세포병리작용에 관한 도마크의 논문을 보고, 몸 안에 침입한 세균에 대항해 인체세포가 반응하는 과정에 탐식 작용을 비롯한 병리학 원리가 아주 중요하다는 사실을 깨닫는다. 그는 도마크를 실험실에 초빙해 바이어 연구소의 병리학과 세균학 실험실에서 책임자로 일해 줄 것을 제의한다. 뮌스터 대학을 떠나기 싫어한 도마크는 그 제의에 응하는 대신 공동연구를 하기로 약속하

술폰아마이드계 약물을 합성한 도마크.

고, 이때부터 화학요법제에 대한 연구를 진행한다.

1928년부터 도마크는 바이어 연구실에서 합성한 염료인 아조 화합물의 약리학 효과를 알아내기 위한 연구를 진행했다. 그리고 1932년에 술폰아마이드기를 가진 빨간색 프론토질이 포도상구균과 용혈성 연쇄상구균에서 항균작용을 일으킨다는 사실을 처음 발견해 동물실험과 임상실험을 거쳐 1935년에 시판에 들어갔다.

'프론토질의 항균요법을 발견'한 공로로 1939년 노벨 생리의학상 수상자로 결정되었으며, 그의 연구업적은 이후 여러 가지 항균작용을 가진 화학물질의 개발을 촉진하는 효과를 가져왔다. 또한, 그 자신도 쉬지 않고 화학요법제 개발에 몰두해 결핵과 암의 화학요법제 연구를 계속했다.

나치의 방해로 자신의 의사와 관계없이 노벨상을 거부해야

만 했던 그는, 제2차 세계대전이 나치 독일의 패배로 끝나고 평화가 찾아온 1947년에 뒤늦게 노벨상을 받을 수 있었다. 세계 각국에서 여러 명예 학위와 훈장을 받으면서도 말년까지 연구와 학생교육을 계속한 그는 1964년 69세를 일기로 유명을 달리했다.

프론토질

1899년에 개발한 아스피린으로 유명해진 독일의 바이어사에서는 항균화학요법제 개발을 위해 도마크를 스카우트할 계획이었으나 뜻을 이루지 못했다. 대신 항균효과를 지닌 물질을 찾아내는 공동연구를 수행하기로 하고, 1932년에 도마크에게 그 회사에서 합성한 아조 화합물의 효과를 검증하는 일을 요청했는데, 이것이 도마크에게 노벨상의 행운을 안겨 주었다.

그가 발견한 프론토질은 술폰아마이드기를 지닌 아조 염료였다. 술폰아마이드기는 섬유에 부착하는 능력을 높이는 것으로 이미 오래 전부터 알려져 있었으며, 도마크는 이와 같은 염료가 세균의 표면에 결합력을 늘릴 것으로 기대했다. 도마크는 제1차 세계대전 참전시 비참한 모습으로 고생하는 부상자들을 치료하면서 감염성 질병을 해결할 수 있는 방법을 찾아내겠다고 다짐했다. 그의 연구원 가운데 한 명이 "연구원들이 지쳐서 탈진 상태에 이르는 순간에도 도마크는 계속 연구를 하고 있었다"라는 회고담을 남길 정도로 그는 목표달성을 위해 연구에만 집중했고, 항균효과를 지닌 프론토질을 발견하는 데 성공했다.

그가 프론토질 연구에 매달린 것은 초기 실험에서 우연과 행운이 가미된 흥미로운 연구결과를 얻었기 때문이다. 공동연구 초창기에 바이어사에서 전해준 적색 염료로 개발한 아조화합물을 이용해 세균을 염색하는 연구를 한 그는 세균용 배지에 떨어진 색소 주위로 세균 증식이 일어나지 않는 것을 우연히 발견했다. 도마크는 이를 놓치지 않았고 이 염료가 항균효과를 지녔음을 발견하기에 이른다.

도마크의 발견에는 다른 행운도 따랐다. 프론토질의 항균력을 발견하고 임상시험을 준비하던 때에 그 딸이 바늘에 찔려 세균에 감염된다. 딸이 패혈증에 걸려 생사를 오가는 위급한 상황에 처하자, 도마크는 자신이 얻은 물질을 딸에게 투여해 큰 효과를 거두었다. 그로 인해 자신 있게 임상시험을 시행하고, 1935년에는 시판할 수 있었다. 도마크의 연구결과도 비판을 받기는 했지만 후속 실험결과들을 속속 발표하자 반대자들의 비판은 이내 사라졌다.

'자율신경계에 작용하는 약물을 발견'한 공로로 1957년 노벨 생리의학상을 수상한 이탈이아의 약리학자 보베Daniel Bovet (1907~1992)는 도마크의 연구발표 이후 "프론토질의 항균작용은 장내 미생물이 분해하면서 생성한 설파닐아마이드에 때문에 나타나는 것"이라는 내용의 논문을 발표했다. 이에 따라 프론토질 자체보다는 설파닐아마이드의 항균효과를 극대화할 수 있는 유도체를 찾아내기 위한 연구를 수많은 연구자들이 한다.

현재 흔히 사용하는 '설파제'라는 용어는 이 과정에서 개발한 약제들을 통틀어 일컫는 말이다. 에를리히에게서 시작해 지금에 이르기까지 약효가 있는 물질이 하나 발견되면 그 약효를 극대화하고 부작용을 최소화할 수 있는 유사한 물질을 찾아내려고 한다. 수많은 유도체를 합성하고 그 효과를 검증하고 이 과정에서 더욱 효능이 좋은 물질을 발견해 상품으로 만들어 팔고 있다.

참고로 제2차 세계대전이 한창이던 1943년에는 영국 수상 처칠이 폐렴에 걸려 죽음에 이르게 되었는데, 설파제를 이용해 목숨을 건질 수 있었다. 뒤에 한 신문기사에서는 도마크의 항생제 발견이 제2차 세계대전에서 연합국의 승리를 이끌어 주었다는 다소 과장한 기사를 쓸 정도로 그의 발견은 높은 평가를 받았다.

도마크의 업적의 파급력은 후세에 미친 영향을 통해서도 유추해 볼 수 있다. 플레밍이 발견했으나 폐기하다시피 한 페니실린의 효과를 플로리와 카인이 재시험한 것도, 도마크의 동물실험 방법을 접한 두 사람에게 재시험을 해보려는 동기부여를 했기 때문이었다. 에를리히 이후 연구자들에게 실망만을 가져다 준 항균화학요법제 연구에 1940년대 이후 항균화학요법제 개발 붐이 일어난 것도, 도마크의 연구가 많은 연구자들에게 할 수 있다는 가능성을 보여주었기 때문이다.

'약물 요법의 중요한 원리를 발견'한 공로로 1998년도 노벨 생리의학상을 수상한 히칭스George Herbert Hitchings(1905~1998)와 엘리온Gertrude Bell Elion(1918~1999)은 약제의 복합투여시 발생할 수 있는 길항작용에 대한 사실을 발견(1952년)한 공로를 인정받았다. 이 연구에서 사용한 약제도 설파제였고, 연구의 핵심 사상은 더 효과가 좋은 설파제를 찾아내기 위해 여러 연구자들이 1940년대에 많은 연구를 진행하다 얻은 것이다. 실제로 1940년대 이후 설파닐아마이드, 설파디아진, 설파메톡사졸, 설피족사졸, 설파세타마이드 등을 합성해 이용하고 있다.

노벨상을 거부한 도마크

도마크는 106년의 역사를 자랑하는 노벨상에서 생리의학상 수상자 가운데 유일하게 수상을 거부한 인물이다. 1901년에 첫 노벨상 시상식을 연 뒤, 초기에 가장 많은 수상자를 낸 국가가 독일이고, 영국이 그 뒤를 바짝 따랐다. 오늘날 최강대국인 미국은 20세기 중반까지 학문 분야에서 독일과 영국에게 뒤졌다. 그러나, 제2차 세계대전을 전후해 유대인을 시작으로 수많은 유럽의 과학자들이 나치의 탄압과 전쟁의 틈바구니에서 전쟁의 영향이 적은 미국으로 넘어오면서 힘들이지 않고 학문을 발전시켜 노벨상 수상자를 많이 배출했다. 제2차 세계대전이 끝난 뒤 꽤 오랜 시간 동안 유럽이 전쟁의 뒤처리로 골머리를 앓은 것과 달리, 전쟁의 영향을 거의 받지 않은 미국의 학문은 급격히 발전해 오늘날에는 따를 자가 없는 과학 강대국으로서 위치를 굳건히 하고 있다.

1930년대까지 가장 많은 노벨상 수상자를 낸 국가에서 활동하면서 노벨상의 권위를 확실히 인지하고 있던 도마크가 수상을 거부한 것은 당연히 그의 뜻이 아니었다. 도마크보다 한 해 앞서 노벨 화학상 수상자로 선정된 쿤Richard Kuhn(1900~1967)과, 같은 해에 노벨 화학상 수상자로 선정된 부테난트Adolf Fridrich Johann Butenandt(1903~1995)의 경우와 마찬가지로 독일의 나치 정부가 수상을 방해했기 때문이다.

1935년의 노벨 평화상 수상자로 선정된 사람은 독일의 언론가 오시에츠키Carl von Ossietzky(1889~1938)였다. 그는 히틀러의 정책을 비판한 언론가다. 종잡기 힘든 성격의 소유자이자 사리분별력이라고는 없는 독재 정치가인 히틀러는 오시에츠키를 노벨상 수상자로 선정한 것이 국제 사회에서 자신과 나치 독일을 탐탁치 않게 생각하고 있음을 보여 준 사건이라 생각했다. 그래서, 그 뒤로 독일인들이 노벨상을 수상하는 것은 세계인들이 자신과 나치 독일을 부정하는 행위로 여겨 수상을 방해했다.

이런 사실을 감지한 노벨위원회에서는 독일 정부에 도마크의 시상식 참석을 허락해 달라고 노력했으나, 스웨덴 주재 독일 대사는 참석불가라는 내용이 담긴 전보를 받았을 뿐이다. 독일 정부는 스웨덴에 참석불가라는 전보를 보내기는 했으나 도마크에게는 아무런 언질도 주지 않았으므로, 도마크는 노벨 생리의학상을 주관하던 카롤린스카 연구소에 시상식에 참석하겠다는 연락을 했다. 그러나 시상식을 약 한 달 앞둔 11월 7일, 독일의 비밀경찰은 도마크를 체포해 가둬버렸다. 1주일 뒤 풀어 주기는 했으나 도마크는 포츠담 역에서 다시 비밀경찰에 끌려가서 미리 작성한 노벨상 수상을 거부한다는 문서에 서명을 해야만 했다.

먼 훗날 도마크는 이 일을 회고하면서 "독일 경찰은 나에게 왜 체포하는지, 나에게 무슨 잘못이 있는지 한 마디도 하지 않았고, 물건 대하듯 나를 데리고 다니기만 했다"라는 말을 남겼다. 전쟁이 끝나고 나치 정부가 종말을 고한 후인 1947년 12월 10일, 도마크는 노벨상 시상식에 참석해 기념 상장과 메달을 받았다. 1년 안에 찾아가지 않는 상금은 노벨 재단에 귀속한다는 노벨상 규정에 따라 그의 상금은 이미 재단에 귀속된 뒤였지만, 그는 8년 만에 받은 그의 업적에 대한 찬사를 수많은 사람들 앞에서 영광스럽게 받아들였다.

최초의 항생물질, 페니실린

항생제 발견의 전초전

항생제를 좁은 의미로 '특정한 종류의 미생물이 생산해 낸 물질 가운데 다른 미생물의 성장을 억제하는 물질'로 정의한다. 이 정의에 맞는 발견을 처음 한 사람은 1870년 10월, 영국 세인트 메리 병원의 연구원인 샌더슨John Burdon-Sanderson(1828~1905)이다. 샌더슨은 페니실리움 속 곰팡이가 포함되어 있는 배양액을 멸균하면 세균이 존재하고 있는 공기에 노출하더라도 배양액이 혼탁해지지 않는 것을 발견했다. 이것은 곰팡이의 항생효과에 의해 세균이 자라지 못해 발생하는 것이다. 그러나 그는 이 관찰결과를 곰팡이가 자라지 않는 것으로 잘

못 해석했다. 그래서 "곰팡이만 공기로 전염되고 세균은 공기로 전염되지 않는다"는 잘못된 사실을 발표했다. 하지만 샌더슨이 곰팡이의 멸균효과를 발견한 최초의 인물이라는 것은 부정할 수 없다.

무균 처리법을 발견한 리스터는 1871년에 곰팡이가 오염된 오줌에서 세균이 자라지 못하는 것을 관찰하고 증명했는데, 이때 리스터가 이용한 곰팡이는 페니실리움 글라우쿰Penicillium glaucum이다. 그러나 리스터도 더는 진보한 생각이나 연구결과를 남기지 못한 채, 위대한 발견이 될 수 있던 이 발견을 그냥 지나쳐 버리고 말았다.

파스퇴르는 1877년 어떤 미생물을 포함한 소변에서 탄저균이 성장하지 못하는 것을 발견하고, 이를 응용해 탄저균과 일반세균을 함께 실험동물에 접종했다. 그 결과 탄저병 발생 빈도가 현저히 감소하는 것을 관찰했다. 이 실험을 통해 파스퇴르는 "한 가지 생명체가 다른 생명체의 성장을 억제하고 방해할 수 있다"고 주장했다. 그리고 이 사실을 이용해 병원성 미생물에 대한 치료효과를 거둘 수 있을 것이라는 이야기를 남겼다.

1889년 프랑스 과학진보협회에서 비예맹Paul Vuillemin(1861~1932)은 공생에 반대되는 개념으로 '항생(antibiosis)'이라는 용어를 처음 썼다. 1895년 나폴리 해군병원의 티베리오Vincenzo Tiberio(1869~1915)는 곰팡이에서 얻은 추출액이 병원성 세균이 감염된 동물에서 항균효과를 지님을 발견했다. 그 뒤에도 곰팡이의 항균효과에 대한 논문을 몇몇 연구자들이 여러 편 발표했다. 그 가운데 항균효과를 나타내는 유효성분을 분리해 낸 경우도 있었으나 더 이상의 연구결과를 얻지는 못한 채, 최초의 항생제 발견자를 기다려야 했다.

페니실린의 발견자, 플레밍

1881년 스코틀랜드에서 태어난 플레밍은 13세에 런던으로 가서, 안과의원을 개업한 형의 집에서 기숙하며 공예학교를 다녔다. 졸업을 하고 선박회사에 4년간 근무했으나 뜻하지 않게 백부의 유산을 물려받는 행운을 얻어, 이를 밑천으로 의학 공부를 하려고 세인트 메리 의과대학에 들어갔다.

대학 졸업 후 세균학 연구에 참여하게 된 그는, 제1차 세계대전이 일어나자 야전병원에서 파견근무를 한다. 플레밍은 외과 의사들이 소독을 위해 석탄산을 과다하게 사용해도, 부상병들이 패혈증을 비롯한 여러 감염성 질환으로 쉽게 죽는 것을 본다. 그는 살균 효과가 있으며 몸에 해를 끼치지 않는 다른 물질을 발견해야겠다는 생각을 하고, 1918년에 모교로 돌아간 뒤 연구에 뛰어들었다.

1922년, 플레밍은 점막 분비물에 있으며 세균을 용해하는 성질을 가진 물질을 발견해 '라이소자임lysozyme'이라 이름 붙였다. 그는 여러 실험을 통해 이 물질이 몸 안에 있는 항생 물질이라 생각했으나, 실제로는 세포벽에 존재하는 다당류의 결

페니실린을 발견한 플레밍.

합을 가수분해하는 물질로 판명된다. 세인트 메리 병원의 접종과장을 맡은 플레밍은 1928년에 곰팡이를 배양해 멸균 능력을 지닌 물질을 분리하려는 연구를 진행했다. 그의 연구원들은 충분한 양의 곰팡이를 배양하기 위해 많은 양의 배지를 곰팡이 배양에 이용했고, 배양이 끝난 용액을 여과해 맑은 액을 얻었다. 이 액체를 산성 물질로 처리한 다음 수분을 없앤 뒤, 다시 알코올을 처리함으로써 미지의 물질을 얻었다.

이 침전물의 항균력을 시험해 본 결과 침전물에서는 항균력이 없었지만 알코올 용액에는 항균력이 있었다. 이 효과는 일주일도 유지되지 못했다. 이에 실망한 플레밍은 항균력을 지닌 성분이 무엇인지를 찾아내려는 생각을 포기하고 연구를 중단했다. 이 연구 과정에서 플레밍은 자신이 다루고 있는 이 물질이 포도상구균, 연쇄상구균, 뇌막염균, 임질균, 디프테리아균에 항균효과를 지닌 사실을 발견했다. 그러나 다음 해 5

월에 "곰팡이에서 얻은 물질의 항균력이 우수하기는 하나 몸에는 효과가 없을 것"이라는 논문을 발표하면서 연구를 그만두었다. 곰팡이의 배양액이 항균효과를 나타낸다는 연구 결과는 그때까지 가끔씩 발표되던 것이었기에 다른 과학자들의 관심을 불러일으키지 못한 채 플레밍의 연구는 사장되었다.

페니실린의 재등장

묻혀가던 플레밍의 연구결과를 세상 밖으로 끌어낸 이는 플로리다. 그는 1898년에 오스트레일리아에서 태어났다. 에덜레이드 대학교에서 의학을 전공한 그는 영국에 있는 모드린 대학교와 캠브리지 대학교에서 잠시 공부한 뒤, 1925년에는 1년간 미국의 록펠러 연구소에서 공부했다. 1926년부터 다시 영국에서 연구를 시작한 그는, 1935년 옥스퍼드 대학교 병리학 교수에 임명된다. 생화학을 담당할 교수로 카인을 초빙했는데 이것이 훗날 페니실린 발견과 노벨 생리의학상 수상으로 이어진다.

플로리의 동반자인 카인은 1906년 베를린에서 태어났다. 프리드리히 빌헬름 대학에서 화학을 전공한 그는 1933년에 홉킨스Frederick Gowland Hopkins(1861~1947)의 연구실에서 주로 인지질에 관한 연구를 했다. 홉킨스는 나치가 정권을 잡자 영국에 망명해 '성장을 촉진하는 비타민을 발견'한 공로로 1929년 노벨 생리의학상을 수상했다. 카인은 1935년에 플로리에게서 생화학 교수 한 명을 추천해 달라는 요청을 받은 홉킨스의 권유로 옥스퍼드 대학교로 옮기면서 플로리와 인연을 맺는다.

플로리와 카인은 플레밍이 시작한 라이소자임의 정제 및 작용원리 규명에 관한 연구를 진행했다. 그는 항생물질에 대한 플레밍의 견해에 관심을 두어, 플레밍이 시도한 페니실린에 대한 연구를 재개하고자 결심했다. 그 이유는 플레밍의 실험을 변형해 다시 실험을 하면, 새로운 결과를 얻을 수 있을 것이라는 기대감이 있었기 때문이다.

그들이 플레밍의 연구과정을 재검토해 본 결과, 플레밍이 용량을 전혀 고려하지 않은 채 작용 시간만을 측정한 오류를 범한 사실을 알게 된다. 항균효과를 나타내는 양을 제대로 결정하지도 않은 채 대강 설정한 양을 실험에 이용했으며, 투여 방법도 제대로 고려하지 않는 등 너무나도 비과학적인 실험을 진행했다고 결론을 내린다. 그들은 플레밍의 오류를 보완해 다시 한 번 페니실린 연구에 착수했다. 그들은 곧 좋은 결과를 얻기 시작했다. 1940년 3월에 100mg의 페니실린 분말을 얻어 동물실험을 시작했고, 그 해 5월에는 병원성 세균에 감염된 쥐에서 페니실린의 항생 효과를 입증했으며 이를 8월에 논문으로 발표했다.

이들의 논문에 대해 즉각 반응을 나타낸 사람이 있었으니, 바로 플레밍이었다. 그러나 플로리와 카인은 연구결과를 전해 듣고 찾아 온 플레밍에 대해 별다른 관심이 없었다. 플레밍도 단지 그들의 연구실과 생산 시설을 둘러보기만 했을 뿐, 깊이 있는 토론은 하지 않았다.

플로리와 카인은 다량의 페니실린을 얻기 위해 계속 노력했으며, 1941년 2월 포도상구균에 감염된 환자를 대상으로 임상시험을 실시해 그 해 8월에 논문을 발표했다. 임상시험을 계속하기 위해서는 대량생산체제가 필요했다. 그러나 불행하게도 영국의 제약회사들은 이들의 연구에 관심을 보이지 않았으므로 미국에서 대량생산에 들어가게 되었다. 2년이 지나 제2차 세계대전이 한창이던 1943년부터 부상병들의 치료에 페니실린을 이용하게 되었다. 그리고 같은 해에 페니실린의 구조를 밝혔다.

당시에 사용한 페니실린은 천연곰팡이에서 분리한 것이지만 현재는 천연물보다 더 많은 병원성 세균에 효과가 있고, 부작용이 적은 반합성 페니실린을 쓴다. 반합성이란 천연원료인 6-APA를 원료로 이용해 합성한 것을 가리킨다.

페니실린 발견에 얽힌 행운들

플레밍이 페니실린을 발견한 데에는 전혀 과학자답지 못한 그의 실험습관이 큰 역할을 했다. 플로리와 카인이 이미 간과했듯이, 과학자로서는 그다지 바람직하지 않은 연구태도를 지닌 플레밍이 '최초의 항생제 발견'이라는 대단한 업적을 이룰 수 있었던 것은, 연구 과정에서 여러 가지 행운이 따랐기 때문에 가능했다.

플레밍의 연구실 바로 아래층에서는 곰팡이로 알레르기 백신을 만드는 연구를 진행하고 있었다. 이 실험에서 사용한 곰팡이 가운데 한 종류가 운 좋게 위층으로 날아와 마침 포도상구균을 배양하던 플레밍의 배양용기를 오염시킨 것이 행운이었다. 아래층에서 위층으로 날아온 곰팡이가 하필이면 페니실리움 노타툼Penicillium notatum인 것은 더욱 행운이었다. 이 곰팡이는 페니실리움에 속하는 곰팡이 가운데 아주 드문 것이다.

그리고 플레밍이 휴가를 가면서 배양용기를 배양기에 넣는 대신 실험대 위에 그대로 둔 것도 행운이었다. 보통 방법대로 배양용기를 배양기에 넣어 두었다면 포도상구균은 적절한 환경에서 잘 자라서 곰팡이의 살균력을 알아볼 수 없었을 것이며, 플레밍의 발견도 불가능했을 것이다.

그 해 여름이 비교적 선선했던 것도 행운이었다. 플레밍이 휴가를 떠난 7월 말의 날씨가 다른 해와 달리 쌀쌀했기 때문에 세균보다 낮은 온도에서 잘 자라는 곰팡이가 살균작용을 보일 수 있을 만큼 충분한 양의 페니실린을 생산해 낼 수 있었다. 그리고 페니실린이 만들어진 뒤 무더운 날씨가 계속된 것도 행운이었다. 더운 날씨 덕분에 이미 죽은 세균 옆에서 다른 용기에 담긴 세균들이 잘 자랐고, 그 덕분에 이미 죽은 균이 쉽게 플레밍의 눈에 띄었다. 또한 휴가를 마치고 돌아온 플레밍이 배양기에서 자라고 있던 세균이 곰팡이에서 만들어진 물질 때문에 죽은 것을 발견한 순간, 평소와는 달리 즉시 배양용기를 세척하지 않아 배지에 생겨난 반점을 발견한 것도 행운이었다.

참고로 플레밍의 라이소자임 발견에도 우연과 행운이 있었다. 세균을 배양하던 배양용기를 관찰하던 그는 감기에 걸린 어느 날, 배양용기에 콧물을 한 방울 흘린다(콧물이 아니라 눈물이 떨어졌다는 기록도 있다. 라이소자임은 콧물과 눈물 모두에 포함되어 있다). 보통 연구자들은 원하지 않는 물질이 혼합되면 그냥 버리지만, 배양용기를 오랫동안 버리지 않는 게으른 습관이 몸에 밴 플레밍은 다음 날 그 배양용기에 눈물이 떨어진 부분이 깨끗이 변한 것을 발견했다. 이를 놓치지 않은 플레밍은 콧물에 있는, 인체에 아무 해가 없으면서도 항균능력을 지닌 물질을 찾아내는 데 성공했다.

그러나 운이라는 차원에서 보면 카인과 플로리도 플레밍에 못지않은 행운을 누린 사람들이다. 그들이 페니실린에 관심을 가진 이유는 항생제를 발견하기 위한 것이 아니었다. 우연히 눈에 띈 플레밍의 논문에 허점이 많이 발견되었기에 이러한 허점을 보완해 연구하면 뭔가 좋은 결과를 얻을 수 있을 것이라는 기대로 연구를 시작한 것이다.

그들이 생쥐를 실험동물로 사용한 것도 행운이었다. 당시는 실험동물로 주로 기니피그를 사용하던 시기였는데 그들은 아무 생각 없이 생쥐를 실험동물로 선택했다. 페니실린은 기니피그에게 독성을 지니지만 생쥐에게는 독성을 지니지 않으므로, 그들이 놓칠 수도 있던 위대한 발견을 하게 된 것이다.

또 그들이 추출한 페니실린은 순도가 1%에 불과한, 대부분

불순물로 이루어진 물질이었지만 포함한 불순물 가운데 독성을 나타내는 물질이 없었던 것도 행운이었다. 만약 99%에 달하는 불순물 가운데 독성 물질이 있었더라면 그들의 위대한 발견은 없었을 것이다.

반합성 페니실린 발견

좋은 약의 조건을 이야기하라고 한다면 '값싸고 사용하기 간편하며, 부작용이 적고, 여러 가지 질병에 사용가능한, 사용범위가 넓은 약'이라고 할 수 있다. 그런 의미에서 플레밍이 찾아내고 플로리와 카인이 그 효력을 확인한 페니실린(페니실린 G)은 사용범위가 넓지 않고, 주사제로만 사용가능하므로 사용이 간편하지 않다는 점에서 그리 좋은 약이라 할 수는 없다. 게다가, 발견 직후부터 내성균이 출현하기 시작했기에 더 진보한 약이 필요했다.

어느 항생제건 처음에는 효력을 지닌 물질을 생명체에서 분리했다 하더라도 그 생명체를 계속 배양해 분리하는 것은 쉬운 방법이 아니다. 일단 효력이 있는 물질을 분리하면 그 물질의 구조와 작용원리를 알아내기 위해 노력해야 한다.

1943년부터 페니실린의 구조를 알아내기 위한 연구가 결실을 맺어 여러 연구팀에서 가능성 있는 구조를 제시했고, 1945년에 오늘날까지도 진리로 받아들이고 있는 베타-락탐 고리를 가진 구조가 나왔다. 미국의 머크 팀과 영국의 페니실린 합성위원회에서는 서로 먼저 구조를 발견하고, 이를 이용해 화학으로 합성했다는 발표를 했으나 진위는 불분명했다.

1940년대에 머크에서 연구를 시작해 오랜 기간 페니실린 연구에 몰입한 시한John Sheehan은 1956년에 6-아미노페니실린산(6-aminopenicillanic acid, 6-APA)을 합성하는 데 성공했다. 이 연구결과는 이를 이용해 여러 가지 유도체를 만들 수 있을 것이라는 기대를 하게 했으며, 실제로 시한은 다음 해에 페니실린 V를 합성하기도 했다.

그러나 시한의 방법은 대량생산에 문제가 많았다. 영국의 비참은 1945년에 연구소를 열면서 플레밍과 카인을 고문으로 임명하고 페니실린 연구를 시작했다. 그래서, 1957년에 6-APA을 합성하는 새로운 방법을 알아내고 다음 해에 특허를 출원했다.

비참 회사의 연구진과 시한은 그 후에 반합성 페니실린 개발을 공동으로 연구하기로 합의해 제품을 내놓기도 했으나, 훗날 특허로 인한 분쟁에 휘말리기도 했다. 이유야 어찌되었든 이들이 메티실린을 비롯한 여러 종류의 반합성 페니실린을 생산해 판매했으며, 1970년을 전후로 여러 회사에서 페니실린계의 새로운 약제를 내놓는다.

페니실린 발견의 뒷이야기들

운이 따른 플레밍의 페니실린 발견은 플레밍이 연구를 포기함으로써 사라져야만 했다. 이 연구내용은 12년 뒤에 플로리와 카인에 의해 재발견될 때까지 파묻혀 있어서, 훗날 진짜 페니실린 발견자가 누구인가에 대한 논쟁을 불러일으키는 계기가 되기도 했다. 플레밍이 페니실린에 대한 연구를 중도에 포기한 이유는 무엇이었을까?

첫째, 플레밍이 토끼의 혈액에서 페니실린의 항균효과를 측정한 결과 지속시간이 30분도 채 되지 않았다. 흔히 약을 처방 받을 때 듣게 되는 "식사 후 한 알씩"이라는 주의 사항은 약효의 반감기가 대략 8시간이라는 뜻이다. 어떤 약이든 효과가 30분밖에 지속되지 않는다면 15~30분에 한 번씩 약을 투여해야 하므로 적절한 혈중 농도를 유지하기가 어려우므로 약제로서 이용가능성은 배제될 수밖에 없는 것이다.

둘째, 플레밍은 자신이 발견한 물질로 임상시험을 실시했으나 그 결과는 아주 실망스러웠다. 1929년, 자신의 연구를 도와주던 조수의 코 속에 생긴 염증을 치료하기 위해 페니실린을 발랐으나 아무 효과도 거두지 못했다. 다리를 절단한 환자를 대상으로 페니실린을 발라 보았으나 이 환자가 결국 패혈증으로 사망하는 바람에 그의 시험이 실패로 돌아갔다. 진득하게 실험과정을 재점검해 새로운 연구방법을 고안하고, 이를 토대로 다음 연구에 임했다면 항생제로서 페니실린의 가능성을 얻을 수도 있었을 것이다.

1929년의 동물 실험에서 동물 장기를 세균이 들어있는 용액에 담근 뒤 다시 페니실린 용액에 담그자, 동물 장기의 표면에 붙어 있는 세균은 멸균되었으나, 장기의 내부에 있는 세균이 멸균되지 않은 것도 플레밍이 페니실린 연구를 중단한 이유다. 플레밍은 이러한 결과가 페니실린이 생체에서 조직내부로 침투하지 못하기 때문에 발생한다고 믿었다. 페니실린의 농도를 더 높인다거나, 작용 시간을 더 길게 한다거나, 투여 방법을 바꾸어 가면서 다시 실험할 생각은 않고 진득하지 못한 그의 습관대로 연구를 포기했다.

1939년에 도마크의 연구내용을 접하게 된 플레밍은 병원성 세균감염에 의한 질병을 해결하기 위해서는, 합성해서 얻은 화학물질이 생명체 안에서 얻은 항생제보다 유용할 것이라고 생각했다. 그는 곰팡이와 같은 생명체에서 항생물질을 얻는다는 것이 불가능하다고 결론 내렸다. 그래서 그의 항생물질 연구는 수년 뒤 플로리와 카인이 관심을 가져줄 때까지 수면상태에 빠지게 된 것이다.

한편, 플레밍이 포기하고 플로리와 카인이 재발견한 페니실린은 영국에서 영국인들이 발견한 업적인데도, 미국의 제약회사에 막대한 이익을 남겨다 주고 영국에는 별다른 혜택을 주지 못했다. 1941년, 플로리와 카인은 연구실을 개조해 만든 페니실린 제조 공장에서 얻은 페니실린으로 임상시험을 실시해 만족스러운 결과를 얻었으나, 영국의 제약회사들은 이들의 연구에 거의 관심을 보이지 않았다.

록펠러 재단에서 제공한 연구비로 최종연구를 진행했고, 임상시험에 쓸 페니실린 생산을 위해 미국 제약회사에서 대량생산에 들어가, 초기의 권리를 미국이 선점해 버렸다. 결국, 50여 년의 세월이 흐르는 동안 영국은 미국에게 페니실린 사용에 대한 특허료로 막대한 액수를 지불하면서 수입을 해야 함은 물론, 미국의 제약회사들이 전 세계에 약품을 판매하는 것을 그냥 구경해야만 했다.

비록, 특허권은 미국에 넘겼다 하더라도 뒤늦게 페니실린의 유용성을 알게 된 영국의 제약회사 비참은 카인을 고문으로 맞이해 1950년대부터 페니실린과 관련한 연구를 진행했다. 오랜 세월이 흘러 자존심이 상할 대로 상한 뒤 생산능력을 가지게 된 비참은 현재 작은 박물관을 조성해 페니실린에 관련한 자료들을 전시해 놓았다.

새로운 항생제를 찾아서

독창성이 결여된 연구에 주어진 노벨상

　페니실린은 값싸고 효과가 좋은 약물이라는 점에서 의약품의 역사에서 큰 위치를 차지하고 있다. 페니실린의 발견을 계기로 인류는 세상에 존재하는 수많은 미생물들에서 새로운 약제를 개발하는 것이 가능할 것이라는 희망을 갖게 되었다. 실제로 20세기 후반을 지나면서 희망이 현실로 나타나, 인류는 전염병의 공포에서 벗어나게 되었다.

　페니실린을 발견하고 나서 헤아릴 수 없을 정도로 많은 연구자들이 미생물에서 항생효과를 지니는 물질을 얻고자 연구를 계속했다. 오늘날에도 미생물을 비롯한 새로운 생명체에서 그들이 갖고 있는 화학물질을 분리하고, 이 물질이 항생효과를 가지고 있는지, 또 다른 질병을 치료하기 위한 약물요법에 사용할 수 있는 효과가 있는지 알아보려는 연구를 진행하고 있다.

도마크의 프론토질과 플레밍의 페니실린은 항균효과가 있다는 점에서 비슷하나, 프론토질은 합성한 물질이고 페니실린은 항생제라는 점에서 기원이 다르다. 따라서 이들의 노벨상 수상이 독창성을 낮게 평가한 것이 아니라는 주장이 가능하다. 그러나 페니실린 발견과 거의 똑같은 연구를 한 왁스만에게 노벨상을 준 것은 의외라고 할 수 있다. '항생제(antibiotics)'라는 용어를 처음 사용한 왁스만이 1952년 노벨 생리의학상 수상자로 결정된 것은 노벨상 선정위원회가 업적을 얻는 과정보다 업적에 따른 영향력을 중시했기 때문이다.

인류에게 가장 잘 알려진 질병 가운데 하나인 결핵은 오랜 세월 동안 동화, 소설, 연극 등에 조연의 역할을 맡아 왔다. 오헨리의 『마지막 잎새』를 비롯한 몇몇 작품에서는 주연을 맡기도 했다. 결핵은 한 번 감염되면 서서히 증세가 악화해 결국에는 죽음에 이르는 병으로, 1882년 코흐가 그 원인균을 발견하기까지는 증상과 예후 외에 아무것도 알려진 것이 없는 질병이었다. 그러나 페니실리움 속의 곰팡이에서 페니실린을 발견한 뒤에는 이 병원성 균에 대한 치료효과를 갖고 있는 항생제를 찾으려는 노력 끝에 왁스만이 찾아냈으니, 스트렙토마이신이 그 주인공이다.

왁스만의 생애와 업적

왁스만은 여러 연구자들이 새로운 화학제를 얻기 위해 노력하던 시기에 활동하던 미국의 연구자다. 1888년에 러시아에서 태어난 그는, 1910년에 미국으로 건너가 1915년에 레트거즈 대학을 졸업했다. 캘리포니아 대학에서 학위를 받고 레트거즈 대학의 토양 미생물학 교수로 재직하던 1927년에 『토양 미생물학 원리』라는 책을 출간해 유명해졌다.

왁스만은 미국 뉴저지에 있는 연구실에서 여러 가지 배지를 이용해 각각의 배지에서 자라는 미생물에서 항생물질을 찾아내기 위한 연구를 진행했다. 토양 미생물학자인 그가 항생제 개발을 위한 연구에 착수한 것은 1930년대 후반이었다. 그는 여러 균주들을 각각 선택배지에 배양하면서 흙을 배지에 첨가해 세균이 증식에 어떤 영향을 미치는지를 연구했다. 또 세균이 억제 효과를 지니게 된다면 그와 같은 효과를 내보이게 되는 원인 물질을 분리하고자 했다. 이와 같은 연구는 흙 속의 미생물을 배지에 첨가해 증식하는 경우 오염을 일으키게 된다. 결과 분석이 쉽지 않은 까닭에 수많은 작업을 반복해야 하는 지루한 일이지만, 그는 새로운 항생제 개발이라는 원대한 목표를 향해 자신의 일을 계속해 나갔다.

그가 이끄는 연구팀은 흙이 들어 있는 용액에 노출된 세균이 죽어 버리는 현상을 발견하고, 흙 속에서 세균을 죽이는 물질을 찾아내기 위한 연구를 진행했다. 그가 얻은 결과는 지름

0.7cm 정도에 불과한 작은 흙덩이 안에 적어도 5천만 마리 이상의 세균이 있으며, 동물이나 식물을 흙 속에 파묻으면 썩어 사라지는 것은, 토양에 있는 미생물이 이를 분해하는 작용에 의한 것임을 알게 되었다. 흙 속에는 눈에 보이지 않는 미생물이 자신의 영역을 지키기 위해 끊임없는 자리다툼을 하며, 투쟁을 통해 새로운 세균이나 침입자가 생겨난다. 새로 만난 세균들끼리 세력 확장을 위한 싸움을 하다 토양이라는 환경에 가장 잘 적응한 세균들만이 살아남게 된다는 사실을 알게 된 것이다.

즉, 결핵으로 죽은 사람을 땅에 묻으면 땅속에서 살고 있는 세균이 시체를 분해하므로 뼈를 제외한 인체구조물은 차차 토양이라는 환경 속으로 흡수되어 버린다. 이처럼 사람을 죽게 한 결핵균은 토양이라는 새로운 환경에서 이미 터줏대감 역할을 하는 세균들과 자신의 자리를 차지하기 위한 싸움을 하는데 여기에서 지면 토양에 정착하지 못하고 사라져 버린다. 그러므로 토양은 결핵균이라는 새로운 세균의 침입에도 아랑곳하지 않고 원래 환경을 유지할 수 있게 된다. 이와 같은 토양의 신비한 현상은 왁스만을 비롯한 여러 학자들이 조금씩 그 모습을 발견했지만, 어떤 세균이 어떻게 작용해 병원성을 지니는 균주를 깨끗이 처리하는지, 그 자세한 원리는 알려진 것이 없었다.

왁스만은 오로지 토양에 미생물이 있다는 사실과, 미생물의 수가 아주 많다는 사실에 착안한다. 이 미생물 가운데 병원성

균주와 싸워 이길 수 있는 미생물이 존재하거나, 최소한 토양의 미생물 가운데 병원성 미생물에 사멸 효과를 지닐 수 있는 물질을 분비하는 것이 존재할 것이라는 가설을 세운다. 그리고, 이 가설을 검증하기 위한 연구를 진행한다.

이즈음 프랑스의 드비시는 포도상구균 및 연쇄상구균에 효과를 지닌 '티로트리신'이라는 약품을 발견했다. 티로트리신은 흙 속에 대량으로 있는 프레비스균으로 생성되는 것이다. 이것을 음식처럼 동물에게 먹이면 아무 효과를 나타내지 못하지만, 정맥에 주사하면 멸균효과를 가져올 수 있는 특징이 있다. 몸에 생긴 상처나 피부에 빨갛게 뭔가 나는 경우에 바르는 약으로 사용할 수도 있다. 드비시의 연구 결과는 항생제 개발을 위해 노력한 왁스만에게 대단한 자극제가 되어 연구의욕을 더욱 크게 불러 일으켰다. 왁스만은 항생물질을 생산하는 세균들을 발견하는 대로 연구에 착수했으며, 이 과정에서 페니실린을 부산물로 얻기도 했다.

왁스만의 목표는 모든 병원성 세균을 박멸하는 강력한 항생제를 개발하는 것이었다. 페니실린 발견 이후 각종 감염성 질병에 페니실린을 광범위하게 사용했다. 그러나 페니실린의 효과가 명확해질수록 페니실린으로 해결할 수 없는 세균도 많다는 사실이 알려졌으므로, 왁스만은 완벽한 항생제를 만드는 것을 최종목표로 삼아 자신의 연구를 진행해 나갔다.

그는 여러 다양한 성질을 지닌 토양을 채취해 완충용액에 혼합한 다음 토양 속에 있는 미생물을 멸균하고, 그 생성물에서 항생제 능력을 지닌 물질을 분리하는 일을 하루도 빠짐없이 실행했다. 실험대상이 워낙 광범위했으므로 고된 작업이었지만, 왁스만은 실험을 쉬지 않고 계속했다.

그러던 어느 날, 드디어 희망이 찾아왔다. 방선균에서 뽑아낸 특이한 물질이 장티푸스균, 포도상구균을 비롯한 여러 병원성 세균에 대해 멸균효과가 있다는 사실을 발견한 것이다. 방선균이 생산하는 물질 가운데 항균 효과를 지니고 있는 물질은 자그마치 20가지가 넘었다. 즐거운 마음으로 배양액 속에서 연구를 끝내고, 다음 단계인 동물 실험에 접어들었다.

그러나 결과는 암울했다. 왁스만이 찾아 낸 추출물로 동물 실험을 한 결과 효과가 아주 낮게 나타난 것이다. 동물의 몸속에서 이 추출물의 약리학 기능에 대한 해독작용이 일어났기 때문이다.

다시 전의를 다진 왁스만은 1만 종류에 이르는 추출물을 검사해 약 1천 개 정도에 살균효과가 있음을 알아냈다. 어느 물질이 가장 좋은 효과를 지니고 있는지 알아내기 위해, 왁스만은 후보물질의 수를 차차 줄여나갔다.

그로부터 4년, 시험관 속에서 창자에 병을 일으키는 병원균 한 가지가 죽어 있는 것을 발견했다. 그 시험관에 어떤 재료를 첨가했는지 묻자 연구원은 자신들의 연구실 뒤쪽에 있는 정원의 흙에서 얻은 미생물을 넣은 것이라 했다.

그 날로 왁스만은 이 미생물에 대해 집요하게 파고들기 시작했다. 이 미생물은 방선균의 일종(Streptomyces griceus)이었다. 이 미생물의 배양액에서 추출해 낸 항생물질은 페니실린으로 해결할 수 없던 여러 가지 균, 예를 들면 장티푸스와 결핵균을 비롯해 그때까지 살균효과를 얻을 수 없던 많은 균주에 효과가 있음이 판명되었다.

1943년, 방선균에서 항생제를 추출하는 데 성공한 왁스만은 다음 해에 '스트렙토마이신'이라는 이름을 붙인 이 약을 세상에 소개했다. 새로운 항생제가 탄생한 것이다. 계속 연구한 결과, 이 항생제는 두 개 이상의 아미노당(amino sugar)이 배당체성 결합(glycosidic linkage)으로 중심부에 있는 육탄당핵에 연결되어 있는 구조를 하고 있어서 '아미노글리코시드 항생물질'이라고도 불렸다.

이 스트렙토마이신은 여러 균주에 효과를 보였지만, 일반인들에게 큰 관심을 끌게 된 것은 특히 결핵치료제로서 효과를 지녔다는 사실 때문이었다. 이때부터 사용하기 시작한 스트렙토마이신은 지금까지도 결핵 치료제의 대표 약으로 많은 환자들에게 도움을 주고 있다. 그 밖에 장티푸스는 물론 발진티푸스, 백일해 등의 전염성질환에도 효과가 좋아 널리 사용되었다. 수년 전까지 이소니아지드, 파스와 함께 스트

결핵치료제인 스트렙토마이신을 발견한 왁스만.

렙토마이신을 결핵의 일차약제로 사용했으나, 지금은 결핵 치료를 위해 리팜피신, 이소니아지드, 피라진아마이드 또는 에탐부톨을 사용하고 있다. 스트렙토마이신은 일차약제로 잘 사용하지 않지만 장내구균성 심내막염, 페스트(흑사병), 야토병, 브루셀라 감염증 등에 이용한다.

왁스만은 1945년에 플레밍, 플로리, 카인이 페니실린을 발견해 노벨상을 수상한 것과 똑같은 방법으로 연구를 진행했다. 그는 결핵 치료제인 스트렙토마이신을 발견한 공로를 인정받아 1952년에 노벨 생리의학상을 수상했다.

왁스만은 스트렙토마이신을 발표하기에 앞서 액티노마이신을 발견했으며(1940), 스트렙토마이신 발견 후에도 항생제를 찾기 위한 노력을 계속해 글리세인(1946), 네오마이신(1948)을 비롯한 여러 가지 항생제를 더 찾아내는 데 성공했다. 1952년에 개최한 미국 세균학회에서 곰팡이와 같이 미생물에서 분리해 낸 항균성 물질을 '항생제(antibiotics)'라 부르자고 제의해 모두의 동의를 얻었고, 이것이 오늘날 우리가 사용하는 명칭으로 자리 잡았다.

왁스만은 1949년에 자신이 개발한 항생제의 특허료로 모교에 미생물학연구소를 세우고 소장으로 취임한다. 그는 1958년에 정년퇴임을 한 뒤에도 여전히 연구와 저술활동을 계속하다가 1973년 85세를 일기로 항생물질 추적으로 일관된 인생에서 벗어났다.

왁스만의 노벨상과 아쉬운 순간들

노벨상 역사상 똑같은 방법을 반복한 연구에 대해 두 번 상을 준 일은 찾기가 힘들다. 플레밍과 왁스만의 방법상 차이점이라면 플레밍의 경우에는 혼자 힘으로 적은 수의 물질을 검색해 우연히 발견한 반면, 왁스만은 수많은 동반자들이 한 가지 목표를 위해 끊임없이 노력하면서 대단위로 검색을 했다는 점 외에는 특별한 것이 없다. 그런데도 왁스만이 노벨상을 수상한 것은 그가 발견한 항생제가 오랜 세월 인류를 괴롭혀 온 불치병인 결핵에서 벗어날 가능성을 보여준 데서 찾아야 할 것이다.

코흐는 1882년 3월 24일 베를린에서 개최한 병리학회에서 결핵균을 발견했다는 사실을 처음 발표한다. 그 날 이후 코흐는 결핵균의 치료제 개발을 위해 연구를 했고, 8년 뒤인 1990년에 지금은 투베르쿨린으로 알려진 결핵균 치료제를 발표했다. 그러나 그 뒤 많은 사람들의 연구결과 효과가 없는 것으로 판명되었다.

코흐의 뒤를 이은 학자들은 사노크리신, 설파제, 프로민, 프로미졸, 다이아존 등 여러 항결핵제를 개발하고 사용했으나 그 효과는 기대한 이들에게 실망을 안겨주었다. 오랜 골칫거리인 결핵을 해결하려는 노력은 19세기 말부터 수많은 연구자들이 해 왔지만 그들이 얻은 결과는 그리 신통치 않았다. 왁스만의 발표 뒤에도, 의학자들이 스트렙토마이신의 효과를 인정해 널리 사용하기까지는 10년 가까운 세월이 흘러야만 했다.

왁스만의 연구과정을 되새겨 보면 재치 넘치는 생각보다는 남들이 도전하기 힘든 방대한 사업을 시작한 뒤, 끊임없이 노력해 좋은 결과를 얻은 것처럼 보인다. 그러나 왁스만에게도 스트렙토마이신을 훨씬 쉽게 찾아낼 수 있는 기회가 적어도 세 번이나 있었다.

첫 기회는 그의 연구생활 초기이던 1916년부터 약 3년의 기간 동안에 찾아왔다. 광범위한 항생효과를 지닌 물질을 찾아내기 위해 노력하던 시기에 훗날 스트렙토마이신을 얻게 되는 균주와 만날 기회가 있었더라면, 스트렙토마이신은 빨리 발견할 수도 있었다.

두 번째 기회는 1932년에 왔다. 병리학을 전공한 그의 친구가 결핵균에 곰팡이가 생기더니 결핵균이 죽어버렸다는 이야기를 그에게 전했는데, 그가 이 이야기에 귀를 기울였더라면 노동력을 줄일 수도 있었다.

세 번째 기회는 그의 아들이 의과대학에 다닐 때였다. 아들은 곰팡이가 생산하는 항생물질을 분리하는 아버지의 방법을 응용해 결핵균에 특이하게 작용하는 물질을 방선균에서 찾아보자는 제의를 한다. 그러나 광범위하게 사용할 수 있는 항생제를 찾고 있던 그는 아직 때가 오지 않았다는 대답으로 아들의 의견을 받아들이지 않았다. 본인이 연구할 의사가 없더라도 아들이 혼자서 연구를 할 수 있도록 조언만 해주었더라면, 그의 연구업적은 더 빨리 이룰 수도 있었다.

결핵은 완치할 수 있는가

 이미 오래 전부터 인류와 함께해온 결핵은 사람을 서서히 폐인으로 만들어가는 무서운 병이다. 산업혁명 이후 도시화가 진행되자 도시로 유입되는 인구가 증가했고, 열악한 환경에서 집단생활을 하게 되었다. 그러자 결핵이 집단 발병했고 '백색의 페스트'라는 별명이 붙을 정도로 치명적인 피해를 입혔다. 그러나 왁스만의 스트렙토마이신 발견은 결핵이 치료할 수 있는 질병이라는 희망을 심어 주었다. 마침내 왁스만은 결핵 치료제를 찾아냈고, 뒤를 이어 이소니아지드, 파스와 같은 결핵 치료제를 상품으로 만들어 팔기 시작했다.

 그러나 결핵 치료의 가장 큰 문제점은 치료 기간이 길다는 점이다. 결핵은 하루아침에 나빠지지도 않지만 아무리 좋은 약을 써도 증상이 쉽게 나아지지 않는다. 처음 결핵 치료약을 개발했을 때는 2년 이상 약을 투여하도록 했는데, 환자가 혼자서 약을 먹다 보면 어느 정도 상태가 호전되는 듯해 임의로 사용을 중지하는 경우가 많아 오히려 질병이 더 악화되기도 했다.

 이와 같은 부작용을 없애기 위해 의학자들은 어떻게 하면 환자가 간편하게 약을 투여하면서도 치료효과를 높일 수 있을 것인가를 연구했다. 그러다 몇 가지 약제를 복합해 사용하면 6개월 만에 치료효과를 볼 수 있는 연구결과를 내놓았다. 2년에 견주면 6개월이라는 기간이 짧기는 하다. 그러나 날마다 상태가 나아지는 것을 느끼지도 못하는 상태에서 6개월 동안 빠짐없이 여러 가지 약을 한꺼번에 투여하는 것은 쉬운 일이 아니다. 현재로서는 의사의 지시에 따라 열심히 치료하는 것 말고는 다른 방법이 없다.

그런데 더 큰 문제가 생겼다. 결핵 치료제에 내성을 지닌 균주가 나타나기 시작한 것이다. 즉, 결핵에 걸린 것으로 판명되어 똑같이 치료를 받았는데, 어떤 환자는 6개월 뒤에 다 낫지만, 어떤 환자는 치료약이 듣지를 않아서 목숨을 잃게 되는 경우가 늘기 시작한 것이다. 내성균이 발생하면 새로운 치료제를 개발하는 것 말고는 방법이 없다. 인류가 병원성 세균을 해결하기 위해 치료약을 개발하는 동안, 이 세상에서 사라지지 않으려는 세균들은 나름대로 생존의 길을 찾고 있는 것이다. 이것은 비단 결핵의 문제만은 아니다. 어떤 병원성 세균이든지 치료약이 개발되는 것에 대항해 살아남기 위한 내성균으로 전환하고 있으므로, 한동안 지구에서 그 세력을 잃던 결핵이 최근에는 기세를 올리려고 한다.

실제로 우리나라에서 지금까지 에이즈(후천성 면역 결핍증)로 사망한 환자 수가 1년에 결핵으로 사망한 환자 수와 비슷하다는 사실에서 결핵의 위험성을 알 수 있다. 수많은 결핵치료제를 개발했지만 결핵은 치료하기 쉬운 질병이 아니다. 그러므로 일단 발병하면 환자는 열심히 치료에 임하고, 의학자들은 더 나은 치료제를 개발하기 위해 노력해야 할 것이다.

세균 박멸을 위한 현재와 미래의 약제

새로운 약제의 개발

 왁스만이 항생제를 정의할 당시 항생제는 오로지 세균에만 효과가 있었다. 그 뒤에 다른 여러 가지 미생물에서 항종양 또는 항바이러스 기능을 가진 물질들을 발견하면서, 왁스만이 제창한 항생물질의 정의는 항균성물질로 한정한다. 즉, 현재는 세균에 효과를 지니는 물질만 항생제라는 용어를 사용하며 바이러스, 말라리아, 진균과 같이 다른 미생물에 대한 약제를 가리킬 때는 항바이러스제, 항말라리아제, 항진균제와 같은 용어를 쓴다.
 또한, 약리학이 발달하면서 미생물이 만드는 물질이 항균작용을 나타내지는 않지만, 효소의 기능을 떨어뜨리는 작용을 한다는 것을 발견하면서 이를 의학적으로 이용하려는 연구를 진행하고 있다. 이러한 물질은 미생물을 키우는 데 꼭 필요한 것은 아니므로 '미생물의 2차 대사산물'이라고 하며, 넓게는 항생물질도 여기에 포함된다.

앞에서 말한 것처럼 에를리히, 도마크, 플레밍, 왁스만 등은 어떤 방법으로 병원성 세균을 비롯한 각종 전염성 질병에 대한 치료약을 개발할 수 있는지 그 모범을 보여 주었다. 20세기 후반에 이르자 수많은 제약회사에서 여러 가지 방법으로 세균 박멸에 강한 약제를 개발해 판매하기에 이르렀다.

퀴놀론 계열(시녹사신, 시프로플록사신, 오플록사신 등), 페니실린과 같이 베타-락탐 고리를 가진 약(메티실린, 옥사실린, 앰피실린, 카르베니실린 등), 스트렙토마이신과 같은 아미노글리코시드 계열(젠타마이신, 카나마이신, 토브라마이신 등), 테트라

작용 방법	항균성	약제의 종류
세포벽 합성 억제	살균	페니실린, 세팔로스포린, 반코마이신, 바시트라신, 싸이틀로세린
단백질 합성 장애 단백질 합성 억제	살균 정균	아미노글리코시드 계열 클로람페니콜, 에리스로마이신, 링코마이신, 테트라사이클린
세포막 투과성 변동 핵산 합성 억제 대사 억제	살균 살균, 정균 살균, 정균	폴리믹신 B, 콜리스틴 리파마이신, 퀴놀론 계열 이소니아지드, 에탐부톨, 술론아마이드

표1. 항균성 물질의 작용원리.

사이클린 계열(클로르테트라시이클린, 옥시테트라사이클린, 메타사이클린 등), 세팔로스포린 계열(세파졸린, 세파렉신, 세파클로르, 세촉사심 등) 등의 항균화학요법제가 계속 시판해 이용되었다. 어떤 약이든 그 효과를 입증하면 구조를 분석하고 유도체를 합성해, 효과를 높이면서 부작용은 적은 약을 찾기 위해 노력했다. 그 과정에서 수많은 병원체 가운데 특정 병원체에 잘 듣는 약을 발견하곤 했다.

현재 사용하는 항균성 물질을 작용원리에 따라 분류하면 표1과 같다. 또한, 20세기 후반의 화학요법제 개발 과정에서 세균은 물론 다른 미생물에 활성이 있는 약제도 함께 개발했다. 세균, 리케차, 진균에 대해서는 거의 해결을 할 수 있는 듯이 보였고, 늦게까지 불치병으로 남은 바이러스와 종양에 대한 치료제를 계속해서 찾아내는데 성공함으로써 21세기에는 완전히 해결할 수 있을 것이라는 장밋빛 환상을 그리기도 했다. 예를 들어, 클로람페니콜, 콜로르테트라사이클린, 옥시테트라사이클린, 에리스로마이신 등은 세균, 리케차, 일부 바이러스 감염 질환에 사용할 수 있는 약제다. 또한 니스타닌, 트리코아신 등은 항진균제로 사용한다. 항진균제가 간과 같은 장기에 독성을 지닌 것으로 밝혀져 실제로 사용하기에는 어려움이 있었으나, 최근에는 독성이 좋은 항진균제를 개발해 외용으로는 물론 입원하지 않고 경구투여로도 사용할 수 있다. 1953년에 사르코마이신을 발견한 것을 시작으로 미생물에서 종양치료제를 찾아내면서부터, 합성한 약제와 함께 이러한 물질을 종양치료에도 이용하고 있다.

내성균과 병원감염

최근에 병원감염(원내감염)이 대중매체에 오르내리면서 큰 관심사로 떠오르고 있다. 병원감염이란 일상생활에서 잘 감염되지 않지만 병원에서 집단생활을 하면서 감염되는 경우를 가리킨다. 병원 안에서 감염될 때는 사람이 매개하는 경우와 병원에서 사용하는 기자재가 매개하는 경우가 있고, 환자 자신이 지닌 병원체가 병원에 입원한 뒤 환자에게 병을 일으키는 경우도 있다.

그런데 병원감염이 문제가 되는 것은 병을 고치러 들어온 환자가 병원체에 감염되어, 때에 따라서는 사망에 이를 수 있기 때문이다. 병을 고치러 왔다가 병을 얻는 것도 문제지만, 그렇다고 해서 입원을 해야 할 환자가 입원을 하지 않을 수도 없으니 환자로서는 진퇴양난의 상황에 놓이게 된다.

병원감염이 반드시 목숨에 위협이 되는 것만은 아니다. 그러나, 아주 드물게 발생하는 위험한 경우가 환자들을 불안에 떨게 하므로 이를 해결하기 위한 노력을 해야 한다. 병원감염을 줄일 수는 있지만 완전히 없애는 것은 불가능할 것이다. 그러므로, 병원에서 일하는 사람들은 병원감염을 최대한 줄여서 환자들이 안심하고 입원할 수 있게 해야 한다.

그런데 병원에서 감염됐을 때 무서운 결과가 일어나는 이유는 무엇일까? 병원감염의 종류에는 여러 가지가 있지만, 가장 치명적인 결과를 낳을 수 있는 내성 포도구균을 예로 들어 설명하기로 한다. 포도구균은 사람의 피부에 널리 분포하는 균으로 여러 종류가 있으며, 황색 포도구균(Staphylococcus aureus)이 가장 흔하다. 이 균은 1996년에 이미 유전체가 해독되었으며, 피부, 폐, 심내막, 골수, 관절 등에 염증반응을 일으키지만, 이 균의 작용을 억제하는 약을 많이 개발했기에 적당한 것을 골라서 치료를 하면 된다. 처음 페니실린이 개발되었을 때는 포도구균 감염 시 페니실린으로 좋은 치료효과를 볼 수 있었다. 그러나 1946년에 병원 안에서 페니실린에 내성을 지닌 균을 처음 발견한 뒤부터 전체균주 가운데 페니실린 내성균주가 차지하는 비중이 점차 늘어나 페니실린을 사용하는 것이 무의미하게 되었다. 그리고 다른 항균제에 대한 내성균도 점점 늘어나게 되었다. 1990년대에 들어서자 그때까지 페니실린 내성 포도구균에 대한 특효약이라 할 수 있던 메티실린에 대한 내성균(MRSA, methicillin-resistant Staphylococcus aureus)이 늘어나 큰 문제로 떠올랐다. 이를 해결하기 위해 등장한 새로운 해결사는 반코마이신이었으나, 반코마이신에도 내성을 지닌 균(VRSA, vancomycin-resistant Staphylococcus aureus)이 검출되고 있다. 이와 같이 대책이 없는 균에 감염되는 일은 일상생활보다는 병원에서 일어날 확률이 아주 높기 때문에 병원감염 시 목숨을 빼앗기는 경우가 생기고는 한다.

환자 입장에서는 특정 감염성 질병에 걸리는 경우, 항균제라는 항균제는 몽땅 사용해서 한 방에 치료할 수 있게 되기를 바라지만, 이와 같은 방법은 내성균의 출현만 앞당길 뿐이다. 항생제 남용이 큰 문제인 우리나라에서는 '내성균주의 천국'이라는 달갑지 않은 별명을 하루빨리 떨어버릴 수 있는 대책이 필요하다.

20세기에 이룬 항균화학요법의 발전은 유사 이래 인류를 괴롭혀 온 감염성 질환을 해결하는 데 큰 도움은 주었으나, 내성균의 출현이라는 인류가 예상하지 못한 위험한 상황을 불러왔다. 한때는 20세기가 다 가기 전에 병원성 미생물을 완전히 박멸할 수 있을 것이라는 기대를 한 적도 있었다. 그러나 새로운 항생제를 사용하기 시작한 뒤 짧게는 수 년, 길게는 수십 년 안에 출현하는 항생제 내성균 때문에, 새로운 약을 개발하는 일은 내성균과 벌이는 투쟁의 역사라고도 할 수 있을 정도로 소리 없는 전쟁이 진행되고 있다. 이제 인류에게는 이 전쟁에서 이기기 위한 전략과 전술을 세우는 일이 시급한 과제가 되었다.

21세기의 약제들

각종 감염성 질환을 해결할 수 있을 것이라는 기대를 갖게 한 초기의 화학요법제는 세균 증식을 억제할 수 있고, 세균을 파괴할 수 있다는 '실험 결과'만이 알려져 있었을 뿐이다. 그러나 과학자들의 끊임없는 연구로 각각 약이 어떤 경로로 치료효과를 보이는지를 이해할 수 있는 작용원리와 내성균이 어떤 과정으로 치료약제에 대해 내성을 지녔는지를 알게 되었다. 그리고 이제는 병원성 미생물에서 벗어나기 위한 해결책을 찾아내려는 노력을 하고 있다. 그러나 한편으로는 죽지 않고 끝까지 살아남으려는 세균과 미생물이 어떤 약제에 대해서도 해결이 불가능한 방향으로 변이를 일으켜 변종을 만들어내며 인류를 위협하고 있다.

20세기에 인류가 얻은 항미생물제(항균제, 항진균제, 항바이러스제 등)는 오늘날에도 합성 또는 항생물질 발견과 같은 방법을 이용해 꾸준히 신약으로 상품화되고 있다. 그러나 병원성 미생물을 완전히 퇴치하는 것이 어렵다는 사실을 깨닫게 되면서 20세기 말부터 새로운 방향의 치료법을 연구하고 있다. 이와 같은 새로운 치료방향을 설정하는 데에는 20세기 후반부터 급격히 발전한 생명과학과 분자생물학 연구방법이 큰 몫을 하고 있다. 이를 통해 몸에 부작용이 적으면서 내성을 가진 미생물의 출현을 방지할 수 있는 기술을 개발하는 방향으로 연구를 진행할 것으로 기대한다.

21세기에는 분자의학이 의학의 주류를 차지하게 될 것이다. 그러면 질병의 진단과 치료에서 질병의 원인이 되는 유전자의 활성을 조절하는 것이 치료의 중요한 표적이 될 것이다. 즉, 질병 초기 단계에 그 질병의 원인이 되는 유전자를 찾아서 진단에 이용하거나, 그 유전자의 기능을 효과 있게 억제하면서 치료하는 방법을 연구할 것이다. 그러므로 미래에 개발하는 약은 유전자의 발현조절 기능을 하는 약제들이 주를 이룰 것이다. 분자생물학의 기본개념에 따라 유전자의 발현을 조절하는 방법에는 다음과 같이 세 가지가 있다.

1. 유전자가 mRNA로 전사하는 과정을 억제하거나 항진시키는 방법.
2. mRNA가 단백질로 번역되는 과정을 억제하거나 항진시키는 방법.
3. 유전자에서 형성한 단백질의 기능을 억제하거나 항진시키는 방법.

현재 사용하는 약제는 대부분 3번 방법에 따른 것이며, 앞으로는 1번과 2번 방법에 따른 약제 개발을 많이 할 것이다. 이미 전 세계의 수많은 연구자들이 2번 방법에 따라 신약을 개발하고 있다. 아직까지 상품으로 만들지는 않았지만 학술잡지에 자주 등장하는 안티센스 올리고뉴클레오타이드(antisense oligonucleotide)나 siRNA(small interference RNA)와 같이 RNA에 결합해 그 RNA에서 단백질을 만드는 과정을 억제하는 물질, 라이보자임ribozyme(특정 RNA를 절단하는 효소 역할을 하며 절단된 RNA는 제대로 기능을 하지 못해 단백질을 합성할 수 없게 됨) 등이 여기에 해당하는 물질이다. 이 밖에도 인터페론 등 이미 일반인에게 낯익은 약품 가운데 이 과정을 조절하는 것들이 있기는 하다.

작용 단계	표적 분자	약품의 종류	현재 상태
단백질 합성 이후	단백질	합성물, 천연물 대부분	현재 사용하는 약제 대부분
단백질 합성 과정	mRNA	antisense oligonucleotide, siRNA, ribozyme 등	곧 미국 FDA 승인 단계
전사 과정	유전자(DNA)	DNA결합단백질	연구 개발중

표2. 작용 단계에 따른 치료방법의 분류.

또, 급격히 발전하는 생명과학 분야의 지식은 유전자가 mRNA로 전사하는 과정을 조절하는 유전자나 단백질을 하나둘씩 밝혀내고 있다. 이를 이용해 1번 방법에 따른 약제 개발이 가능해질 것이다. 이것은 특정 유전자에 결합하는 단백질(줄여서 유전자결합단백질이라 함)을 이용해 그 유전자의 기능을 조절하려는 것으로, 유전자결합단백질의 기능에 따라 특정 유전자에서 단백질이 발현하는 과정이 억제되거나 항진될 수 있도록 하려는 것이다. 표2에서 위의 세 가지 방법에 대해 비교해 보았다.

20세기 후반에 이르기까지 3번 방법에 따른 치료법 개발이 주를 이루었으나, 20세기 말부터 생명과학에서 시작한 새로운 연구개발 과정은 1번과 2번 방법에 따라 치료법을 개발하기 위해 박차를 가하고 있다. 각종 병원체에 감염된 질환을 비롯해 유전자와 관련한 수많은 질병의 해결에 새로운 치료법을 제시할 것으로 기대한다.

내성균과의 전쟁

인류 역사상 최초로 알려진 화학요법제의 개발은 인류에게 모든 전염병에서 벗어날 수 있을 것이라는 희망을 안겨다 주기에 충분했다. 실제로 그 기대에 부응하듯 화학요법제 개발 초창기에는 신약이 개발되는 것과 동시에 병원성 균주에 의한 질병의 발생빈도가 현저히 낮아졌다. 그러나 화학요법제에 대해 아무런 대비책도 없이 당하고만 있던 병원성 세균들이 어느 순간부터 치료약에 대한 내성을 가진 균으로 탈바꿈했다. 내성균은 급속히 번식해 세상을 지배하기 시작했다.

그 사실을 눈치 챈 인류는 내성균을 없앨 수 있는 새로운 물질을 찾아내는 데 성공했고, 다시 도태 위기에 몰린 균은 또 새로운 내성균으로 탈바꿈해 약 한 세기 동안 승자를 알 수 없는 전쟁을 하고 있다. 살아남기 위한 균과 이를 물리치기 위한 인류의 노력이 점입가경으로 치닫고 있는 상황이다.

2000년, 대한민국에서 대혼란 속에 의약분업이 실시된 것도 의약품남용을 줄이기 위한 것이 한 가지 이유였다. 이전에는 우리나라에서 웬만한 항생제는 약국에서 손쉽게 구할 수 있었다. 일반 국민들은 특별한 이상이 없어도 항생제를 예방을 위해 복용하는 약제로 알았다. 그래서 감기에 걸려도 항생제를 마구 투여하는 것과 같이 질병의 원인균도 모르는 상태에서 항균화학요법제를 함부로 사용하곤 했다. 오늘날 우리나라는 세계적으로 내성균 출현빈도가 높은 나라가 되었고 이것이 큰 사회문제로 떠오르고 있다.

아마도 인류가 멸망하는 날까지 인류는 병원성 미생물과의 생존 전쟁에서 승리하기 위해 새로운 치료약을 개발해야 할 것이다. 항균화학요법제를 적절히 사용해 남용하지 않고 그 효과를 극대화할 수 있도록 노력을 기울여야겠다.

참고문헌

강건일, 『이야기 현대약 발견사』, 까치, 1997.
김경환, 『이우주의 약리학 강의』, 의학문화사, 2003.
대한미생물학회, 『의학미생물학』, 현문사, 2004.
손태중, 권혁련, 『노벨 생리의학상 수상자의 업적과 삶』, 나눔문화, 1996
예병일, 『현대의학 그 위대한 도전의 역사』, 사이언스북스, 2004.
데이비드 윌슨, 장영재 옮김, 『페니실린을 찾아서』, 도서출판 한울, 1997.
에드워드 골럽, 예병일 외 옮김, 『의학의 과학적 한계』, 몸과 마음 2001.
Laurence L. Brunton 외, 『Goodman and Gilman's pharmacological basis of therapeutics 11th edi』, McGraw-Hill, 2004.
Patrice Boussel, 『History of Pharmacy and Pharmaceutical Industry』, Book Sales, 1995.
Paul Erlich, 『On Immunity with Special Reference to Cell Life』, Proceedings of Royal Society of London 66: 424-448, 1900.
Stuart Anderson, 『Making Medicines: A Brief History of Pharmacy and Pharmaceuticals』, Pharmaceutical Press, 2005.

인류를 구한 항균제들

초판발행 2007년 1월 25일 | 2쇄발행 2009년 5월 10일
지은이 예병일
펴낸이 심만수 | 펴낸곳 (주)살림출판사
출판등록 1989년 11월 1일 제9-210호

주소 413-756 경기도 파주시 교하읍 문발리 파주출판도시 522-2
전화번호 영업・(031)955-1350 기획편집・(031)955-1357
팩스 (031)955-1355
이메일 book@sallimbooks.com
홈페이지 http://www.sallimbooks.com

ISBN 978-89-522-0605-3 04080
      89-522-0096-9 04080 (세트)

* 잘못된 책은 구입하신 서점에서 바꾸어 드립니다.
* 저자와의 협의에 의해 인지를 생략합니다.

값 9,800원